中等职业教育国家规划教材配套辅导用书

# 基础会计习题集
## JICHU　KUAIJI　XITIJI

（第6版）

主编　李海波　蒋　瑛　陈淑女

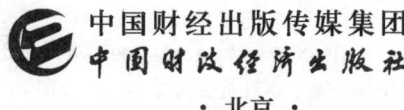

中国财经出版传媒集团
中国财政经济出版社
·北京·

**图书在版编目（CIP）数据**

基础会计习题集 / 李海波，蒋瑛，陈淑女主编.
6版. -- 北京：中国财政经济出版社，2025. 7.
（中等职业教育国家规划教材配套辅导用书）. -- ISBN
978-7-5223-4092-0

Ⅰ. F230-44

中国国家版本馆CIP数据核字第20252EG866号

责任编辑：李　媛　　　　　　责任校对：徐艳丽
封面设计：陈宇琰　　　　　　责任印制：史大鹏

基础会计习题集（第6版）
JICHU KUAIJI XITIJI（DI 6 BAN）

中国财政经济出版社 出版

URL：http://www.cfeph.cn
E-mail：cfeph@cfeph.cn

（版权所有　翻印必究）

社址：北京市海淀区阜成路甲28号　邮政编码：100142
营销中心电话：010-88191522
天猫网店：中国财政经济出版社旗舰店
网址：https://zgczjjcbs.tmall.com
北京密兴印刷有限公司印刷　各地新华书店经销
成品尺寸：185mm×260mm　16开　11印张　264 000字
2025年7月第6版　2025年7月北京第1次印刷
定价：28.00元
ISBN 978-7-5223-4092-0
（图书出现印装问题，本社负责调换，电话：010-88190548）
本社质量投诉电话：010-88190744
打击盗版举报热线：010-88191661　QQ：2242791300

为全面贯彻落实《国务院关于印发国家职业教育改革实施方案的通知》（国发〔2019〕4号）和《教育部等九部门关于印发〈职业教育提质培优行动计划（2020—2023年）〉的通知》（教职成〔2020〕7号），我们依据教育部最新颁布的《中等职业学校会计专业教学标准（试行）》，对中等职业教育国家规划教材进行了修订，以满足中等职业学校专业教学的新需要。

为了让老师尽快熟悉理解教材的内容和特色，以方便授课；同时也为了使学生在学习中更好地掌握知识，提高专业技能的实际应用能力，我们对该教材的配套辅导用书进行了修订再版，提高会计案例和会计实训操作等实践性训练的比重，增加大量仿真的原始凭证、记账凭证和会计账簿等，增加了会计技能训练内容，促使学生掌握会计实务操作，培养学生分析和解决问题的能力。

本辅导用书在内容的安排上既突出理论又联系实际，一方面梳理出了需要准确把握的基本概念、基本理论，并进行适当练习；另一方面模拟了多种应用场景，有针对性提供了基本技能的应用训练。当然，因水平所限，我们在修订过程中难免会出现一些疏漏，在此，我们真诚希望各兄弟院校和各位老师在使用该辅导用书过程中，及时提出修改意见和建议，使之不断完善和提高。

本书由我国会计学专家、中国注册会计师、享受国务院政府特殊津贴的李海波教授、会计学专家蒋瑛教授、科技职业技术学院副研究员陈淑女担任主编、杭州科技职业技术学院叶小丹参与了此次修订工作。

本书的习题答案可扫描封底二维码下载，也可登录 https：//read.book.zcmedia.cn 下载。

编者<br>2025年4月

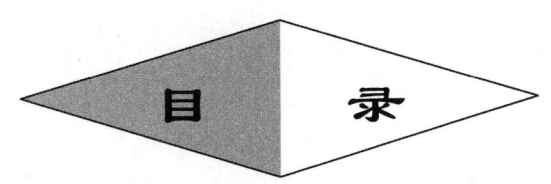

| 第一章 | 会计基本理论 | （1） |
| --- | --- | --- |
| 第二章 | 会计要素 | （8） |
| 第三章 | 账户和复式记账 | （19） |
| 第四章 | 借贷记账法的运用 | （35） |
| 第五章 | 成本计算 | （99） |
| 第六章 | 会计凭证 | （109） |
| 第七章 | 会计账簿 | （117） |
| 第八章 | 财产清查 | （128） |
| 第九章 | 财务会计报告 | （137） |
| 第十章 | 会计核算程序 | （144） |
| 模拟试题 | | （152） |

# 第一章 会计基本理论

## 一、填空题

1. 会计基本职能是_____和_____。
2. 企业单位会计对象的具体内容是_____。
3. 资金的静态表现是企业在一定时点上的_____及取得和形成的来源。
4. 会计方法包括_____、_____和_____。
5. 会计的本质是一种_____。
6. 会计人员应对_____、_____的原始凭证不予受理。
7. 会计法规从法律来源上划分为_____、_____和_____。
8. 会计核算的各种方法是_____和_____的完整体系。

## 二、单项选择题

1. 会计核算的基本前提包括会计主体、_____、会计分期和货币计量四个方面的内容。
   A. 实际成本　　　　　　　　B. 经济核算
   C. 持续经营　　　　　　　　D. 会计准则
2. 会计的基本职能是_____。
   A. 核算和监督　　　　　　　B. 预测和决策
   C. 监督和分析　　　　　　　D. 反映和核算
3. 《中华人民共和国会计法》规定，各单位应建立健全内部_____。
   A. 会计核算制度　　　　　　B. 会计监督制度
   C. 会计检查制度　　　　　　D. 会计分析制度
4. 企业在不同时期发生的相同的交易事项采用规定的会计政策，确保口径一致是体现会计信息质量要求的_____。
   A. 一贯性　　　　　　　　　B. 相关性
   C. 重要性　　　　　　　　　D. 可比性
5. 在我国，制定会计准则和会计制度的机构是_____。
   A. 国家税务总局　　　　　　B. 财政部
   C. 审计署　　　　　　　　　D. 企业自身

6. 会计核算应以实际发生的交易或事项为依据，如实反映企业财务状况是体现_____。
   A. 实质性原则 　　　　　　　　　　　B. 可理解性原则
   C. 可靠性原则 　　　　　　　　　　　D. 谨慎性原则
7. 计提坏账准备是体现_____原则的要求。
   A. 一贯性 　　　　　　　　　　　　　B. 谨慎性
   C. 配比性 　　　　　　　　　　　　　D. 相关性
8. 下列项目中属于企业资金分布和存在形态的是_____。
   A. 银行借款 　　　　　　　　　　　　B. 应付账款
   C. 预收账款 　　　　　　　　　　　　D. 银行存款

### 三、多项选择题

1. 在下列各项目中属于企业存货的有_____。
   A. 原材料 　　　　　　　　　　　　　B. 运输设备
   C. 库存商品 　　　　　　　　　　　　D. 在产品
   E. 产成品 　　　　　　　　　　　　　F. 机器设备
2. 生产企业的资金循环形态有_____。
   A. 货币资金 　　　　　　　　　　　　B. 流通资金
   C. 生产资金 　　　　　　　　　　　　D. 储备资金
   E. 成品资金 　　　　　　　　　　　　F. 商品资金
3. 会计方法包括_____等方法。
   A. 会计核算 　　　　　　　　　　　　B. 会计决策
   C. 会计信息 　　　　　　　　　　　　D. 会计分析
   E. 会计检查 　　　　　　　　　　　　F. 会计预测
4. 会计的拓展职能主要是_____。
   A. 控制 　　　　　　　　　　　　　　B. 分析
   C. 核算 　　　　　　　　　　　　　　D. 检查
   E. 预测 　　　　　　　　　　　　　　F. 决策
5. 《中华人民共和国会计法》规定，出纳人员不得兼管_____。
   A. 稽核 　　　　　　　　　　　　　　B. 登记收入、费用账目
   C. 登记债权债务账目 　　　　　　　　D. 编制会计报表
   E. 会计档案 　　　　　　　　　　　　F. 登记固定资产账目
6. 会计机构内部控制制度主要是对_____等会计资料的真实性和可靠性进行控制。
   A. 会计档案 　　　　　　　　　　　　B. 会计凭证
   C. 会计账簿 　　　　　　　　　　　　D. 经济合同
   E. 会计报表 　　　　　　　　　　　　F. 财务计划
7. 下列各项原则属于会计信息质量要求的是_____。
   A. 可靠性原则 　　　　　　　　　　　B. 相关性原则
   C. 完整性原则 　　　　　　　　　　　D. 可比性原则
   E. 重要性原则 　　　　　　　　　　　F. 连续性原则

8. 下列各种方法中属于会计核算的专门方法的是_____。
   A. 登记账簿　　　　　　　　　　B. 成本计算
   C. 复式记账　　　　　　　　　　D. 监督检查
   E. 预测分析　　　　　　　　　　F. 财产清查

### 四、判断并改错题

1. 会计的基本前提包括会计主体、资料完整、经济效益和货币计量。　　　　（　　）
2. 会计的拓展职能主要是核算和监督。　　　　　　　　　　　　　　　　　（　　）
3. 我国企业会计机构的内部组织形式，一般可分为独立核算机构、半独立核算机构和班组核算机构。　　　　　　　　　　　　　　　　　　　　　　　　　　　（　　）
4. 《中华人民共和国会计法》规定，单位如果没有设置会计机构和配备会计人员，可以委托其他单位和人员代理记账。　　　　　　　　　　　　　　　　　　（　　）
5. 会计核算是会计工作的基本环节，其主要内容是反映和监督。　　　　　（　　）
6. 企业采用一致的会计政策始终保持前后期一致，不得变更，这是会计核算的可比性原则。　　　　　　　　　　　　　　　　　　　　　　　　　　　　　　　（　　）
7. 会计主体应该是独立核算的经济实体。　　　　　　　　　　　　　　　（　　）
8. 企业的会计核算应以权责发生制为基础，按实际发生的收入和支出确认企业的收益和支出。　　　　　　　　　　　　　　　　　　　　　　　　　　　　　（　　）

### 五、名词解释

1. 会计对象

2. 会计分期

3. 谨慎性原则

4. 配比原则

5. 历史成本原则

6. 四柱结算法

六、简答题

1. 会计具有什么特点?

2. 会计的职能有哪些?会计的基本职能是什么?

3. 会计的任务是什么?

4. 会计基本前提的主要内容是什么？

5. 会计核算的一般原则包括哪些方面？

6. 会计核算的专门方法有哪几种？

七、论述题

1. 什么是会计？为什么说它是一种经济管理活动？

2. 会计的对象是什么？为什么说会计对象是社会再生产过程中的资金运动？

# 第二章 会计要素

## 一、填空题

1. 会计要素是对_____按其_____所作的进一步分类。
2. _____、_____、_____反映了企业在一定时点上的资产运动静态表现。
3. 基本会计等式的内容是_____。
4. 企业会计要素包括_____、_____、_____、_____、_____、_____六项。
5. 基本会计等式是_____、_____和_____的基本依据。
6. 会计要素是_____的基本组成部分。
7. 企业的经济利益总流入主要是_____和_____。
8. 利润净额是企业在一定会计期间的_____减去_____后的数额。

## 二、单项选择题

1. 所有者权益金额是_____后的余额。
   A. 资产－负债　　　　　　　　B. 收入－支出
   C. 资产＋收入　　　　　　　　D. 利润－负债
2. 资产是企业过去的交易或者事项形成的、由企业_____的资源。
   A. 借入或投入　　　　　　　　B. 拥有或控制
   C. 拥有或租入　　　　　　　　D. 控制或使用
3. 生产企业的生产费用包括：直接材料、直接人工和_____。
   A. 管理费用　　　　　　　　　B. 间接费用
   C. 销售费用　　　　　　　　　D. 制造费用
4. 下列各项负债项目中属于长期负债的是_____。
   A. 应付债券　　　　　　　　　B. 应付股利
   C. 应付账款　　　　　　　　　D. 应付票据
5. 收入是企业在日常活动中形成的会导致所有者权益增加的、与所有者投入资金无关的_____。

A. 现金流入 B. 经济利益的总流入
C. 主营业务收入 D. 其他业务收入

6. 费用是指企业在日常活动中发生的会导致所有者权益减少的与所有者分配利润无关的_____。
   A. 经济利益的总流出 B. 生产费用
   C. 人力、物力耗费 D. 经济损失

7. 利润是企业在一定会计期间的_____。
   A. 经营收入 B. 经营毛利
   C. 经营成果 D. 经济效益

8. 用银行存款归还应付账款的经济业务属于_____。
   A. 资产和负债同增 B. 资产减少、负债增加
   C. 资产增加、负债减少 D. 资产负债同减

### 三、多项选择题

1. 下列各项目中属于会计要素的是_____。
   A. 资产 B. 利润
   C. 资本 D. 成本
   E. 负债 F. 费用

2. 下列项目中属于所有者权益类的有_____。
   A. 实收资本 B. 应付职工薪酬
   C. 资本公积 D. 未分配利润
   E. 盈余公积 F. 应付利润

3. 下列项目中属于资产类的有_____。
   A. 流动资产 B. 利润分配
   C. 固定资产 D. 无形资产
   E. 借入款项 F. 其他资产

4. 下列项目中属于期间费用的有_____。
   A. 管理费用 B. 直接人工
   C. 财务费用 D. 间接费用
   E. 制造费用 F. 销售费用

5. 下列会计事项中属于资产和负债及所有者权益双方金额等额减少的是_____。
   A. 用银行存款归还应付账款 B. 用银行借款归还应付账款
   C. 用银行存款支付预付账款 D. 用库存商品抵债还银行借款
   E. 投资者以固定资产作资本投入 F. 用现金支付职工福利费

6. 反映资金运动动态表现的会计要素是_____。
   A. 资产 B. 负债
   C. 所有者权益 D. 收入
   E. 费用 F. 利润

7. 在下列项目中形成企业资产的资金来源的有_____。

A. 所有者投入　　　　　　　　B. 盈余公积
C. 营业收入　　　　　　　　　D. 长期待摊费用
E. 营业外收入　　　　　　　　F. 借入款项

8. 企业在产品生产过程中所发生的应计入产品成本的费用有_____。
A. 期间费用　　　　　　　　　B. 直接材料费用
C. 直接人工费用　　　　　　　D. 销售费用
E. 财务费用　　　　　　　　　F. 制造费用

### 四、判断并改错题

1. 投资者投入的资本金应属于企业的资产。（　）
2. "资产＝负债＋所有者权益"这个平衡公式是企业资金运动的动态表现。（　）
3. 资产是指过去的交易事项形成并由企业拥有或者控制的资源。（　）
4. 会计要素包括资产、负债、资本、收入、支出和利润六项。（　）
5. 行政事业单位的会计要素是由资产、负债、净资产、收入、支出五项组成。（　）
6. 负债是由于过去的债务而产生。（　）
7. 所有者权益包括所有者投入和债权人借入两个方面。（　）
8. 企业的利润总额是营业利润加上营业外收入减去营业外支出的数额。（　）

### 五、名词解释

1. 资产

2. 负债

3. 所有者权益

4. 收入

5. 费用

6. 利润

7. 会计要素

8. 日常活动

## 六、简答题

1. 什么是资金平衡?

2. 什么是会计要素?它是如何构成的?

3. 企业会计要素的基本内容是什么?

4. 资产的基本特征是什么？

5. 会计等式与会计要素有什么关系？

6. 简述会计要素增减变动的几种情况。

## 七、论述题

1. 什么是会计等式？为什么称之为基本会计等式？

2. 为什么说经济业务的发生不会影响基本会计等式中的各会计要素的平衡关系？

## 八、业务计算题

习题一

（一）目的

练习会计基本等式。

(二) 资料

某企业月末各项目资料如下：

1. 银行存款 120 000 元。
2. 向银行借入半年期的借款 500 000 元。
3. 出纳处存放现金 1 500 元。
4. 仓库里存放原材料 519 000 元。
5. 仓库里存放产成品 194 000 元。
6. 正在加工中的产品 75 500 元。
7. 应付外单位货款 80 000 元。
8. 向银行借入两年期的借款 600 000 元。
9. 房屋及建筑物 420 000 元。
10. 所有者投入资本 7 000 000 元。
11. 机器设备 2 500 000 元。
12. 应收外单位货款 100 000 元。
13. 以前年度尚未分配的利润 750 000 元。
14. 对外单位长期投资 5 000 000 元。

(三) 要求

1. 判断上列资料中各项目的类别（资产、负债、所有者权益）并将各项目金额一并填入表 2–1。

表 2–1

| 项 目 | 金 额 | | |
|---|---|---|---|
| | 资 产 | 负 债 | 所有者权益 |
| | | | |
| | | | |
| | | | |
| | | | |
| | | | |
| | | | |
| | | | |
| | | | |
| | | | |
| | | | |
| | | | |
| | | | |
| | | | |
| | | | |
| 合 计 | | | |

2. 计算表内资产总额、负债总额、所有者权益总额，并判断是否符合会计基本等式？

**习题二**

（一）目的

练习收入、费用和利润的数量关系。

（二）资料

某公司月内收支情况如下：

1. 本月销货收入为 690 000 元，销货进价成本为 600 000 元。

2. 支付房租为 3 000 元，办公用品为 500 元，煤气、电、水费为 1 500 元，工资为 28 000 元。

3. 支付运杂费为 600 元、包装费为 500 元。

4. 支付职工医药费为 6 000 元、差旅费为 3 000 元。

（三）要求

计算该公司本月利润额。

习题三

（一）目的

练习资金变化类型。

（二）资料

某企业发生经济业务如下：

①用银行存款购买材料。

②用银行存款支付前欠 A 单位的货款。

③用盈余公积金弥补职工福利费。

④向银行借入长期借款，存入银行。

⑤收到所有者投入的设备。

⑥向国外进口设备，款未付。

⑦用银行存款归还长期借款。

⑧企业以固定资产向外单位投资。

⑨用银行借款归还前欠 B 单位的货款。

⑩经批准代所有者××以资本金偿还其应付给其他单位欠款。

⑪企业所有者甲代企业归还银行借款，并将其转为投入资本。

⑫将盈余公积金转作资本。

（三）要求

分析上列各项经济业务的类型，填入表 2-2。

表 2-2

| 类　型 | 经济业务序号 |
| --- | --- |
| 1. 一项资产增加，另一项资产减少 | |
| 2. 一项负债增加，另一项负债减少 | |
| 3. 一项所有者权益增加，另一项所有者权益减少 | |
| 4. 一项资产增加，一项负债增加 | |
| 5. 一项资产增加，一项所有者权益增加 | |
| 6. 一项资产减少，一项负债减少 | |
| 7. 一项资产减少，一项所有者权益减少 | |
| 8. 一项负债减少，一项所有者权益增加 | |
| 9. 一项负债增加，一项所有者权益减少 | |

习题四

（一）目的

练习会计基本等式。

（二）资料

1. 假设某企业 2024 年 7 月初的资产、负债及所有者权益情况见表 2-3。

表 2-3

金额单位：元

| 资产 | 金额 | 负债及所有者权益 | 金额 |
|---|---|---|---|
| 库存现金 | 1 000 | 负债： | |
| 银行存款 | 13 000 | 短期借款 | 100 000 |
| 应收账款 | 14 000 | 应付账款 | 25 000 |
| 其他应收款 | 2 000 | 应付职工薪酬 | 5 000 |
| 生产成本 | 140 000 | 所有者权益： | |
| 原材料 | 60 000 | 实收资本 | 500 000 |
| 库存商品 | 70 000 | 盈余公积 | 50 000 |
| 固定资产 | 400 000 | 未分配利润 | 20 000 |
| 合　计 | 700 000 | 合　计 | 700 000 |

2. 7月份该企业发生下列各项经济业务：

（1）向甲公司购入原材料一批，计价20 000元，材料验收入库，货款未付。
（2）生产车间领用材料45 000元投入生产。
（3）向银行借入短期借款50 000元存入银行。
（4）以现金暂付职工××出差费1 000元。
（5）以银行存款偿还前欠甲公司材料款20 000元。
（6）收到×单位投入资本30 000元存入银行。
（7）收回乙公司前欠货款12 000元存入银行。
（8）从银行提取现金1 000元。
（9）以银行存款购入电子计算机一台，价值20 000元。
（10）以银行存款支付医院医药费5 000元。

（三）要求

将资产、负债和所有者权益各项目的7月初金额和月内增减变化的金额填入表2-4，同时计算出期末余额和合计数。

表 2-4

金额单位：元

| 资产 | 期初数 | 本月增加数 | 本月减少数 | 月末余额 | 负债及所有者权益 | 期初数 | 本月增加数 | 本月减少数 | 月末余额 |
|---|---|---|---|---|---|---|---|---|---|
| 库存现金 | | | | | 负债： | | | | |
| 银行存款 | | | | | 短期借款 | | | | |
| 应收账款 | | | | | 应付账款 | | | | |
| 其他应收款 | | | | | 应付职工薪酬 | | | | |
| | | | | | 负债合计 | | | | |
| 生产成本 | | | | | 所有者权益： | | | | |
| 原材料 | | | | | 实收资本 | | | | |
| 库存商品 | | | | | 盈余公积 | | | | |
| 固定资产 | | | | | 未分配利润 | | | | |
| | | | | | 所有者权益合计 | | | | |
| 总　计 | | | | | 总　计 | | | | |

# 第三章 账户和复式记账

## 一、填空题

1. 总分类账与明细分类账的平行登记可以概括为＿＿＿＿＿＿、＿＿＿＿＿＿、＿＿＿＿＿＿。
2. 借贷记账法的记账规则是＿＿＿＿＿＿和＿＿＿＿＿＿。
3. 会计科目按其提供核算指标的详细程度分为＿＿＿＿＿＿和＿＿＿＿＿＿。
4. 复式记账法是对每一项经济业务所引起的＿＿＿＿＿＿，都要用＿＿＿＿＿＿同时在＿＿＿＿＿＿或＿＿＿＿＿＿有＿＿＿＿＿＿的账户中进行全面登记的一种记账方法。
5. 借贷记账法的试算平衡公式有＿＿＿＿＿＿和＿＿＿＿＿＿两种。
6. 会计制度改革前，我国采用的复式记账法有＿＿＿＿＿＿、＿＿＿＿＿＿和＿＿＿＿＿＿三种。
7. 借贷记账法的理论依据是＿＿＿＿＿＿。
8. ＿＿＿＿＿＿是对会计对象的具体内容进行分类核算的类目。

## 二、单项选择题

1. 账户是根据＿＿＿＿开设的，用来连续、系统地记载各项经济业务的一种手段。
   A. 会计凭证　　　　　　　　　　B. 会计对象
   C. 会计科目　　　　　　　　　　D. 财务指标
2. 在借贷记账法中，账户的哪一方记增加数，哪一方记减少数，是由＿＿＿＿决定的。
   A. 记账规则　　　　　　　　　　B. 账户性质
   C. 业务性质　　　　　　　　　　D. 账户结构
3. 复式记账法的基本理论依据是＿＿＿＿的平衡原理。
   A. 资产＝负债＋所有者权益
   B. 收入－费用＝利润
   C. 期初余额＋本期增加数－本期减少数＝期末余额
   D. 借方发生额＝贷方发生额
4. 借贷记账法的双重性质账户，其性质要根据＿＿＿＿来决定。
   A. 期初余额　　　　　　　　　　B. 借方发生额

C. 贷方发生额　　　　　　　　　D. 期末余额

5. 会计科目是对_____的具体内容进行分类核算的项目。
   A. 经济业务　　　　　　　　　B. 会计账户
   C. 会计分录　　　　　　　　　D. 会计对象

6. 复式记账法是对每一笔经济业务，都以相等的金额在_____登记。
   A. 一个账户　　　　　　　　　B. 两个账户
   C. 一个或两个账户　　　　　　D. 两个或两个以上账户

7. 在下列账户中与负债账户结构相同的是_____账户的结构。
   A. 资产　　　　　　　　　　　B. 成本
   C. 费用　　　　　　　　　　　D. 所有者权益

8. 简单会计分录是指_____的会计分录。
   A. 一借多贷　　　　　　　　　B. 一借一贷
   C. 一贷多借　　　　　　　　　D. 多借多贷

### 三、多项选择题

1. 在下列账户中与资产账户结构相反的是_____账户。
   A. 负债　　　　　　　　　　　B. 费用
   C. 收入　　　　　　　　　　　D. 支出
   E. 成本　　　　　　　　　　　F. 所有者权益

2. 按借贷记账法的要求，下列会计事项登记在贷方的是_____。
   A. 资产增加　　　　　　　　　B. 负债增加
   C. 费用增加　　　　　　　　　D. 成本增加
   E. 收入增加　　　　　　　　　F. 所有者权益增加

3. 在账户的借方登记增加数的有_____。
   A. 资产　　　　　　　　　　　B. 负债
   C. 费用　　　　　　　　　　　D. 所有者权益
   E. 成本　　　　　　　　　　　F. 收入

4. 在下列账户中，属于损益类账户的是_____。
   A. 所得税费用　　　　　　　　B. 投资收益
   C. 制造费用　　　　　　　　　D. 生产成本
   E. 管理费用　　　　　　　　　F. 营业外收入

5. 在下列账户中，属于所有者权益的账户是_____。
   A. 长期投资　　　　　　　　　B. 实收资本
   C. 资本公积　　　　　　　　　D. 盈余公积
   E. 专项应付款　　　　　　　　F. 利润分配

6. 企业在购买材料物资交易中所形成的债务，一般应通过_____账户进行核算。
   A. 预付账款　　　　　　　　　B. 应付账款
   C. 其他应收款　　　　　　　　D. 应付票据
   E. 长期应付款　　　　　　　　F. 短期借款

7. 在下列账户中，按权责发生制要求而设置的账户是_____。
A. 固定资产				B. 应付账款
C. 长期待摊费用			D. 应交税费
E. 利润分配				F. 预收账款

8. 在下列各项经济业务中，不影响资产总额的有_____。
A. 用银行存款购入原材料		B. 向供货单位赊购商品
C. 从银行提取现金			D. 用现金支付业务部门备用金
E. 用银行存款归还应付账款		F. 用现金支付职工医药费

## 四、判断并改错题

1. 会计科目是对会计对象进行分类核算的科目。　　　　　　　　　　（　　）
2. 借贷记账法的试算平衡公式分为发生额平衡公式和差额平衡公式两种。（　　）
3. 在借贷记账法下，费用类账户期末一般无余额。　　　　　　　　　（　　）
4. 账户对应关系是指两个账户之间的应借应贷关系。　　　　　　　　（　　）
5. 会计科目与会计账户是同义词，两者没有什么区别。　　　　　　　（　　）
6. 按现行规定，企业的会计记录必须采用借贷记账法。　　　　　　　（　　）
7. 单式记账法是只记一个账户，复式记账法是同时登记两个账户。　　（　　）
8. 总分类账期末余额应与所属明细分类账户期末余额合计数相等。　　（　　）

## 五、名词解释

1. 会计科目

2. 会计账户

3. 复式记账法

4. 账户对应关系

5. 试算平衡

6. 记账方法

7. 单式记账法

8. 会计分录

## 六、简答题

1. 会计科目分为哪几类？

2. 什么是复式借贷记账方法？

3. 简述借贷记账法的基本内容。

4. 什么是借贷记账法的试算平衡？

5. 简述总分类账户与明细分类账户的平行登记。

6. 什么是对应关系和对应账户？

七、论述题

1. 为什么既要设置会计科目，又要设置会计账户？两者有何区别和联系？

2. 为什么既要设置总分类账户，又要设置明细分类账户？两者有何关系？

## 八、业务计算题

习题一

（一）目的

分析会计科目并按隶属关系分类。

（二）资料

某工业企业现用部分会计科目如下：

1. 原材料
2. 短期借款
3. B产品生产成本
4. 应收B公司货款
5. 主要材料
6. 辅助材料
7. 应付甲工厂货款
8. 应付账款
9. 临时借款
10. 固定资产
11. 甲材料
12. 乙材料
13. 生产成本
14. 基本生产成本
15. 润滑油
16. 运输工具
17. 生产用房
18. 生产用固定资产
19. A产品生产成本
20. 机器设备
21. 应收账款
22. 辅助生产成本
23. 应收A单位货款
24. 应付子公司货款
25. 库存商品
26. A种商品
27. 材料采购
28. 甲类商品
29. 财务费用
30. 利息

（三）要求

上列科目哪些属于一级科目？哪些属于二级科目？哪些属于明细科目？列示于表3-1（列示方法见举例）。

表 3-1

| 一级总账科目 | 二级科目 | 三级明细科目 |
|---|---|---|
| 原材料 | 主要材料 | 甲材料<br>乙材料 |
|  |  |  |
|  |  |  |

**习题二**

（一）目的

练习常用会计科目的分类。

（二）资料

表 3-2 系所列会计科目。

表 3-2

| 会计科目 | 资产类 | 负债类 | 所有者权益类 | 成本类 | 损益类 |
|---|---|---|---|---|---|
| 银行存款 |  |  |  |  |  |
| 实收资本 |  |  |  |  |  |
| 原材料 |  |  |  |  |  |
| 制造费用 |  |  |  |  |  |
| 应付账款 |  |  |  |  |  |
| 应收账款 |  |  |  |  |  |
| 生产成本 |  |  |  |  |  |
| 库存商品 |  |  |  |  |  |
| 主营业务收入 |  |  |  |  |  |
| 主营业务成本 |  |  |  |  |  |
| 短期借款 |  |  |  |  |  |
| 固定资产 |  |  |  |  |  |
| 累计折旧 |  |  |  |  |  |
| 库存现金 |  |  |  |  |  |
| 财务费用 |  |  |  |  |  |
| 长期待摊费用 |  |  |  |  |  |
| 利润分配 |  |  |  |  |  |
| 盈余公积 |  |  |  |  |  |
| 销售费用 |  |  |  |  |  |
| 管理费用 |  |  |  |  |  |

（三）要求

上列会计科目属于哪一类就将其填入适当栏内（用"√"表示）。

习题三

（一）目的

计算账户中的有关数据。

（二）资料

表3-3中系已知数据的资料。

表3-3                                                                金额单位：元

| 账户名称 | 期初余额 | 本期增加发生额 | 本期减少发生额 | 期末余额 |
|---|---|---|---|---|
| 银行存款 | 430 000 | 1 985 000 | 2 040 000 | ? |
| 固定资产 | 2 400 000 | ? | 496 000 | 1 920 000 |
| 短期借款 | ? | 260 000 | 160 000 | 300 000 |
| 应付账款 | 230 000 | 200 000 | ? | 55 000 |

（三）要求

根据上列账户中的有关数据计算每个账户的未知数据。

习题四

（一）目的

综合练习会计科目、账户及资金变化类型。

（二）资料

某公司2024年4月份有关资料如下：

1. 期初各账户余额见表3-4。

表3-4                                                                金额单位：元

| 账户名称 | 金额 | 账户名称 | 金额 |
|---|---|---|---|
| 银行存款 | 15 100 | 实收资本 | 500 000 |
| 库存现金 | 1 900 | 银行借款 | 100 000 |
| 应收账款 | 80 000 | 应付账款 | 30 000 |
| 库存商品（进价） | 273 000 | | |
| 固定资产 | 260 000 | | |

2. 4月份发生下列经济业务：

（1）销售商品90 000元，货款存入银行。

（2）从银行提取现金20 000元，准备发放职工工资。

（3）以现金发放职工工资20 000元。

（4）购入商品40 000元，货款未付。

（5）销售商品60 000元，货款未收。

（6）支付房屋修理费5 000元，以银行存款支付。

（7）购入商品45 000元，以银行存款支付。

（8）收到应收货款60 000元，存入银行。

（9）以银行存款支付房租4 000元，水电费1 000元。

（10）销售商品一批25 000元，货款存入银行。

（11）以现金支付汽车修理费1 500元。

（12）以银行存款偿还前欠货款30 000元。

（13）销售商品一批80 000元，货款存入银行。

（14）以银行存款归还银行借款100 000元。

（15）本月销售商品成本215 000元（库存商品减少）。

（三）要求

1. 根据上列期初各账户余额确定资产、负债、所有者权益数量关系。

2. 判断4月份发生的每项经济业务的类型，将数字填入表3－5内相应项目。

3. 计算本月利润额。

4. 根据1、2、3项数据列出各账户期初余额、本月增加发生额、本月减少发生额，计算期末余额，并填入表内相应栏目，确定资产、负债、所有者权益的数量关系（见表3－6）。

表3－5  金额单位：元

| 序号 | 业务类型 | 金额 ||||| 
|---|---|---|---|---|---|---|
|  |  | 资产 | 负债 | 所有者权益 | 收入 | 费用 |

表 3-6                                                                                        金额单位：元

| 账 户 名 称 | 期初余额 | 本月增加额 | 本月减少额 | 期末余额 |
|---|---|---|---|---|
| 资产类 | | | | |
| ××× | | | | |
| ××× | | | | |
| 合　　计 | | | | |
| 负债及所有者权益类 | | | | |
| ××× | | | | |
| ××× | | | | |
| 合　　计 | | | | |

习题五

（一）目的

分析会计科目，按经济内容分类。

（二）资料

某生产企业发生下列各项经济业务：

1. 存放在出纳员处现金 500 元。
2. 存放在银行里的款项 144 500 元。
3. 向银行借入三个月期限的临时借款 600 000 元。
4. 仓库中存放材料 380 000 元。
5. 仓库中存放已完工产品 60 000 元。
6. 正在加工中的在产品 75 000 元。
7. 向银行借入 1 年以上期限的借款 1 450 000 元。
8. 房屋及建筑物 2 400 000 元。
9. 所有者投入的资本 2 000 000 元。
10. 机器设备 750 000 元。
11. 应收外单位的货款 140 000 元。
12. 应付给外单位的材料款 120 000 元。

13. 以前年度积累的未分配利润 280 000 元。
14. 对外长期投资 500 000 元。

（三）要求

判断上列各项经济业务的科目名称及所属要素，填入表 3-7。

**表 3-7**　　　　　　　　　　　　　　　　　　　　　　　　　　　　　　　　金额单位：元

| 序 号 | 项 目 | 会计科目 | 资 产 | 负 债 | 所有者权益 |
|---|---|---|---|---|---|
| 1 | 存放在出纳处的现金 | 现金 | 500 | | |
| 2 | | | | | |
| 3 | | | | | |
| 4 | | | | | |
| 5 | | | | | |
| 6 | | | | | |
| 7 | | | | | |
| 8 | | | | | |
| 9 | | | | | |
| 10 | | | | | |
| 11 | | | | | |
| 12 | | | | | |
| 13 | | | | | |
| 14 | | | | | |
| | 总 计 | | | | |

## 习题六

（一）目的

练习借贷记账法。

（二）资料

1. 假定某企业 2024 年 7 月各资产、负债及所有者权益账户的期初余额如表 3-8。

**表 3-8**　　　　　　　　　　　　　　　　　　　　　　　　　　　　　　　　金额单位：元

| 资产类账户 | 金 额 | 负债及所有者权益类账户 | 金 额 |
|---|---|---|---|
| 库存现金 | 10 00 | 负债： | |
| 银行存款 | 135 000 | 短期借款 | 60 000 |
| 应收账款 | 10 000 | 应付账款 | 8 000 |
| 生产成本 | 40 000 | 应交税费 | 2 000 |
| 原材料 | 120 000 | 负债合计 | 70 000 |
| 库存商品 | 24 000 | 所有者权益： | |
| 固定资产 | 600 000 | 实收资本 | 860 000 |
| | | 所有者权益合计 | 860 000 |
| 总 计 | 930 000 | 总 计 | 930 000 |

2. 7月份该企业发生下列各项经济业务：

（1）购进材料一批，计价 11 300 元（含增值税 13%），材料验收入库，货款以银行存款支付。

（2）生产车间向仓库领用材料 40 000 元，全部投入生产。

（3）从银行存款户领取现金 400 元。

（4）以银行存款购入新汽车 1 辆，计价 100 000 元。

（5）用银行存款偿还应付供货单位材料款 3 000 元。

（6）生产车间向仓库领用材料 25 000 元。

（7）收到购货单位前欠货款 3 000 元存入银行。

（8）以银行存款 16 000 元，归还短期借款 12 000 元，归还应付供货单位货款 4 000 元。

（9）其他单位投入资本 20 000 元存入银行。

（10）收到购货单位前欠货款 4 000 元，其中支票 3 600 元存入银行，现金 400 元。

（三）要求

1. 根据资料 2 的各项经济业务，用借贷记账法编制会计分录（见表 3-9）。

2. 开设各账户（丁字式）登记期初余额、本期发生额，结出期末余额，并编制"总分类账户本期发生额对照表"（见表 3-10）。

（四）格式

1. 会计分录（见表 3-9）。

表 3-9

| 顺序号 | 日 期 | 摘 要 | 账户名称 | 过 账 | 借方金额 | 贷方金额 |
|--------|-------|-------|----------|-------|----------|----------|
|        |       |       |          |       |          |          |

2. 总分类账户本期发生额对照表（见表 3-10）。

表 3-10

| 会计科目 | 期初余额 | | 本期发生额 | | 期末余额 | |
|----------|----------|--|------------|--|----------|--|
|          | 借方 | 贷方 | 借方 | 贷方 | 借方 | 贷方 |
|          |      |      |      |      |      |      |

习题七

（一）目的

通过账户对应关系，了解经济业务内容。

（二）资料

某企业2024年6月份有关账户记录如下：

| 借方 | 库存现金 | | 贷方 |
|---|---|---|---|
| 期初余额 | 160 | ①其他应收款 | 120 |
| ②应收账款 | 100 | ⑥银行存款 | 400 |
| ④银行存款 | 400 | ⑩原材料 | 160 |
| ⑨银行存款 | 400 | ⑫应付账款 | 300 |
| ⑪其他应收款 | 40 | | |
| 本期发生额 | 940 | 本期发生额 | 980 |
| 期末余额 | 120 | | |

| 借方 | 银行存款 | | 贷方 |
|---|---|---|---|
| 期初余额 | 16 800 | ④库存现金 | 400 |
| ②应收账款 | 5 600 | ⑤其他应付款 | 6 020 |
| ③固定资产 | 42 000 | ⑧应付账款 | 28 600 |
| ⑥库存现金 | 400 | ⑨库存现金 | 400 |
| ⑦应收账款 | 20 620 | ⑫应付账款 | 1 700 |
| ⑬短期借款 | 10 000 | ⑮短期借款 | 24 000 |
| ⑭实收资本 | 20 000 | ⑯固定资产 | 54 000 |
| 本期发生额 | 98 620 | 本期发生额 | 115 120 |
| 期末余额 | 300 | | |

| 借方 | 应收账款 | | 贷方 |
|---|---|---|---|
| 期初余额 | 30 800 | ②银行存款 | 5 600 |
| | | ②库存现金 | 100 |
| | | ⑦银行存款 | 20 620 |
| 本期发生额 | — | 本期发生额 | 26 320 |
| 期末余额 | 4 480 | | |

| 借方 | 其他应收款 | | 贷方 |
|---|---|---|---|
| ①库存现金 | 120 | ⑪原材料 | 80 |
| | | ⑪库存现金 | 40 |
| 本期发生额 | 120 | 本期发生额 | 120 |

| 借方 | 原材料 | | 贷方 |
|---|---|---|---|
| 期初余额 | 46 000 | | |
| ⑩库存现金 | 160 | | |
| ⑪其他应收款 | 80 | | |
| 本期发生额 | 240 | 本期发生额 | — |
| 期末余额 | 46 240 | | |

| 借方 | 生产成本 | | 贷方 |
|---|---|---|---|
| 期初余额 | 36 120 | | |
| 本期发生额 | — | 本期发生额 | — |
| 期末余额 | 36 120 | | |

| 借方 | 库存商品 | | 贷方 |
|---|---|---|---|
| 期初余额 | 19 120 | | |
| 本期发生额 | — | 本期发生额 | — |
| 期末余额 | 19 120 | | |

| 借方 | 固定资产 | | 贷方 |
|---|---|---|---|
| 期初余额 | 360 000 | ③银行存款 | 42 000 |
| ⑯银行存款 | 54 000 | | |
| 本期发生额 | 54 000 | 本期发生额 | 42 000 |
| 期末余额 | 372 000 | | |

| 借方 | 短期借款 | | 贷方 | | 借方 | 应付账款 | | 贷方 |
|---|---|---|---|---|---|---|---|---|
| ⑮银行存款 24 000 | | 期初余额 | 32 800 | | ⑧银行存款 | 28 600 | 期初余额 | 56 600 |
| | | ⑬银行存款 | 10 000 | | ⑫银行存款 | 1 700 | | |
| 本期发生额 24 000 | | 本期发生额 | 10 000 | | ⑫库存现金 | 300 | | |
| | | 期末余额 | 18 800 | | 本期发生额 | 30 600 | 本期发生额 | — |
| | | | | | | | 期末余额 | 26 000 |

| 借方 | 其他应付款 | | 贷方 | | 借方 | 实收资本 | | 贷方 |
|---|---|---|---|---|---|---|---|---|
| ⑤银行存款 6 020 | | 期初余额 | 6 420 | | | | 期初余额 | 413 180 |
| 本期发生额 6 020 | | 本期发生额 | — | | | | ⑭银行存款 | 20 000 |
| | | 期末余额 | 400 | | 本期发生额 | — | 本期发生额 | 20 000 |
| | | | | | | | 期末余额 | 433 180 |

（三）要求

1. 根据上列账户资料，补编会计分录，并按照账户对应关系说明各单位经济业务的内容。

2. 编制"总分类账户本期发生额对照表"。

习题八

（一）目的

练习总分类账户和明细分类账户的平行登记。

（二）资料

1. 某企业 2024 年 3 月 31 日有关总分类账户和明细分类账户余额如下：

（1）总分类账户：

"原材料"账户借方余额 200 000 元。

"应付账款"账户贷方余额 50 000 元。

（2）明细分类账户：

"原材料——甲材料"账户 800 千克,单价 150 元,借方余额 120 000 元。

"原材料——乙材料"账户 200 千克,单价 100 元,借方余额 20 000 元。

"原材料——丙材料"账户 500 千克,单价 120 元,借方余额 60 000 元。

"应付账款——A 公司"账户贷方余额 30 000 元。

"应付账款——B 公司"账户贷方余额 20 000 元。

2. 该企业 2024 年 4 月份发生部分经济业务如下:

(1) 以银行存款偿还 A 公司前欠货款 15 000 元。

(2) 购进甲材料 100 千克,单价 150 元,价税合计 16 950 元(含增值税 13%),以银行存款支付,材料入库。

(3) 生产车间向仓库领用材料一批,计甲材料 200 千克,单价 150 元,乙材料 100 千克,单价 100 元,丙材料 250 千克,单价 120 元,共计领料金额 70 000 元。

(4) 以银行存款偿还 B 公司前欠货款 10 000 元。

(5) 向 A 公司购入乙材料 100 千克,单价 100 元,材料入库,货款 11 300 元(含增值税 13%),以银行存款支付。

(三) 要求

1. 根据资料 2 内容编制会计分录。

2. 开设"原材料""应付账款"总分类账和明细分类账,登记期初余额,平行登记总分类账和明细分类账,并结出各账户本期发生额和期末余额。

3. 编制"原材料""应付账款"总分类账和明细分类账本期发生额及余额明细表。

# 第四章 借贷记账法的运用

## 一、填空题

1. _____是用来核算按照企业章程的规定接受者投入的资本。
2. _____账户主要核算企业购入为工程准备的各种材料物资。
3. 企业已经支付应由本期和以后各期负担的分摊期在 1 年以上各种费用,应通过"_____"账户核算。
4. 固定资产出售,应通过"_____"账户核算。
5. "材料采购"账户用来核算企业购入的各种材料的_____。
6. 企业的银行借款利息是按_____计算的。
7. 利润总额 = 营业利润 + _____ - _____。
8. 用现金发放职工工资,在会计处理上应借记"_____"账户,贷记"_____"账户。

## 二、单项选择题

1. 支付职工福利费,在会计处理上应贷记"_____"账户。
   A. 盈余公积　　　　　　　　B. 应付职工薪酬
   C. 专用基金　　　　　　　　D. 实收资本
2. 预计应交所得税的会计处理,应借记"_____"账户,贷记"应交税费"账户。
   A. 管理费用　　　　　　　　B. 税金及附加
   C. 销售费用　　　　　　　　D. 所得税费用
3. 车间管理部门使用的固定资产提取折旧费时,应借记"_____"账户,贷记"累计折旧"账户。
   A. 制造费用　　　　　　　　B. 管理费用
   C. 财务费用　　　　　　　　D. 折旧费用
4. 销售费用属于期间费用,按月归集,月末全部转入"_____"账户,以确定当期经营成果。
   A. 生产成本　　　　　　　　B. 本年利润
   C. 期间费用　　　　　　　　D. 管理费用

5. 制造产品直接耗用的材料，在会计处理上应以增加_____处理。
   A. 生产成本　　　　　　　　　　B. 制造费用
   C. 管理费用　　　　　　　　　　D. 产成品

6. 生产过程中发生的各种耗费称为_____。
   A. 生产费用　　　　　　　　　　B. 直接费用
   C. 制造费用　　　　　　　　　　D. 间接费用

7. 确认产品销售收入的时间，一般在_____时。
   A. 生产过程　　　　　　　　　　B. 成品入库
   C. 销售开票　　　　　　　　　　D. 产品发出

8. 材料采用计划成本核算的企业，除了设置"材料采购"账户以外，还要设置"_____"账户。
   A. 材料采购　　　　　　　　　　B. 材料成本差异
   C. 采购费用　　　　　　　　　　D. 材料成本

9. 某企业本期已销产品的制造成本为55 500元，销售费用为4 500元，税金及附加6 000元，其产品销售成本应为_____元。
   A. 61 500　　　　　　　　　　　B. 66 000
   C. 60 000　　　　　　　　　　　D. 55 500

10. 某企业购入原材料，价款22 600元，其中含进项增值税2 600元。发生材料运输费1 000元，装卸费150元，采购人员工资1 500元，途中不合理损耗200元，该批材料的采购成本应为_____元。
    A. 26 050　　　　　　　　　　　B. 24 550
    C. 26 250　　　　　　　　　　　D. 21 150

### 三、多项选择题

1. 在下列各项费用中，属于商品销售过程中发生的费用有_____。
   A. 运输费　　　　　　　　　　　B. 广告费
   C. 办公费　　　　　　　　　　　D. 包装费
   E. 展览费　　　　　　　　　　　F. 业务招待费

2. 企业的其他业务收入有_____等。
   A. 出租包装物　　　　　　　　　B. 提供劳务
   C. 出售废品　　　　　　　　　　D. 出售商品
   E. 代购代销　　　　　　　　　　F. 出售材料

3. 企业对能随时变现，为交易目的所持有的_____等作为交易性金融资产处理。
   A. 股票　　　　　　　　　　　　B. 产成品
   C. 基金　　　　　　　　　　　　D. 原材料
   E. 债券　　　　　　　　　　　　F. 汇票

4. 在下列各项费用中，属于"制造费用"的有_____。
   A. 机物料消耗　　　　　　　　　B. 车间管理人员工资
   C. 管理部门办公费　　　　　　　D. 生产直接耗用材料

E. 劳动保护费  F. 季节性停工损失

5. 在下列各项支出中，属于企业营业外支出的有_____。
A. 季节性停工损失  B. 固定资产盘亏
C. 罚款支出  D. 坏账损失
E. 公益性捐赠支出  F. 利息支出

6. 在下列项目中，属于"库存商品"的有_____。
A. 外购商品  B. 自制材料
C. 自制产成品  D. 自制设备
E. 自制工具  F. 外单位修理的代修品

7. 下列各项税金应计入税金及附加项目的是_____。
A. 资源税  B. 增值税
C. 教育费附加  D. 城市维护建设税
E. 房产税  F. 消费税

8. 在下列各项费用中，属于"管理费用"的有_____。
A. 办公费  B. 咨询费
C. 业务招待费  D. 技术转让费
E. 房产税  F. 印花税

9. 材料的采购成本项目应包括_____两项。
A. 挑选整理费  B. 材料买价
C. 采购人员工资  D. 途中损耗
E. 采购费用  F. 采购机构经费

10. 下列各项目中属于直接材料成本内容的是_____。
A. 辅助材料  B. 包装物
C. 动力  D. 仓储费
E. 保险费  F. 设备配件

## 四、判断并改错题

1. 企业材料采购的买价和费用，在期末应全部转入"本年利润"账户的借方。（    ）
2. 车间领用一般性消耗的材料，在会计处理上应属于增加管理费用。（    ）
3. 营业利润 = 营业收入 - 营业成本 - 税金及附加 - 销售费用 - 管理费用 - 财务费用 + 投资收益。（    ）
4. 产品售出、货款未收，在会计处理上应借记"其他应收款"；贷记"主营业务收入"。（    ）
5. 固定资产因磨损而减少的价值称之为损耗。（    ）
6. 财务费用是一种期间费用，按月归集，月末全部转入"本年利润"账户。（    ）
7. 核算企业向银行或其他金融机构借入的款项，应通过"应付账款"和"其他应付款"两个账户进行核算。（    ）
8. 财务成果是企业货币收支活动的最终成果，即利润或亏损。（    ）
9. 公益性捐赠支出属于管理费用。（    ）

10. "所得税费用"属于销售费用。                    (    )

## 五、名词解释

1. 其他业务成本

2. 长期待摊费用

3. 其他业务收入

4. 投资收益

5. 营业外收支

6. 管理费用

7. 营业利润

8. 财务成果

9. 期间费用

## 六、简答题

1. 生产企业的生产经营过程的主要核算内容是什么？

2. 企业的资金应如何进行筹集？

3. 什么是应付票据？

4. 在生产过程中所发生的各种耗费包括哪些内容？

5. 简述"预收账款"账户的性质、结构和核算内容。

6. 固定资产出售、报废和毁损应如何进行核算？

7. 试述生产企业资金来源的渠道和内容。

七、论述题

1. 试述生产企业主要经济业务核算的意义。

2. 为什么说企业的销售成果不能作为最终的财务成果?

3. 试述成本与费用的区别。

## 八、业务计算题

习题一

（一）目的

练习企业采购过程的核算。

（二）资料

某企业 2024 年 7 月份发生以下有关材料采购的经济业务：

1. 采购员 ×× 预支差旅费 500 元，以现金支付。
2. 购进下列原材料，增值税税率为 13%，已验收入库，货款以商业承兑汇票结算，见表 4-1。

表 4-1

| 甲种材料 | 1 600 千克 | 10 元/千克 | 16 000 元 |
| 乙种材料 | 800 千克 | 16 元/千克 | 12 800 元 |
| 应交增值税 | 3 744 元 | | |
| 合　计 | | | 32 544 元 |

3. 以银行存款支付上述材料运费 480 元；以现金支付运达仓库的装卸费 240 元。计甲材料 480 元，乙材料 240 元。
4. 上述材料按实际成本入账。计甲材料 16 480 元，乙材料 13 040 元。
5. 商业汇票到期，以银行存款支付上述材料款 32 544 元。
6. 从外地购入材料 11 100 元，计甲种材料 550 千克，每千克 10 元；乙种材料 350 千克，每千克 16 元，应交增值税 1 443 元，货款以银行存款支付，材料未到。
7. 上述材料已到，以现金支付运费 180 元，以银行存款支付装卸费 540 元。计甲材料 440 元，乙材料 280 元。
8. 上述材料按实际成本 11 820 元转账。计甲材料 5 940 元，乙材料 5 880 元。

（三）要求

1. 根据上列材料采购的经济业务，编制会计分录。
2. 登记"在途物资"和"原材料"总分类账户以及"在途物资"明细分类账户。

习题二

（一）目的

模拟企业采购过程的核算。

（二）资料

1. 2024 年 12 月份企业发生以下采购业务：

（1）1 日，向第一化工原料公司购入甲材料 400 千克，每千克为 130 元，收到该公司开出的增值税专用发票，价税合计 58 760 元，签发支票#729671 支付。

（2）2 日，收到好捷运输公司发票计 400 元，是 1 日购甲材料运费，以库存现金支付。

（3）2 日，甲材料 400 千克经仓库验收入库，按其实际成本 52 400 元转账。

（4）11 日，向第六化工原料公司购入丁材料 200 千克，每千克为 25 元，收到该公司开出的增值税专用发票价税合计 5 650 元，签发支票#729676 支付。丁材料经验收入库，按实际成本转账。

（5）14 日，向第三化工原料公司购入乙材料 400 千克，每千克为 100 元，收到该公司增值税专用发票，价税合计为 45 200 元，签发支票#729677 支付。

（6）14 日，收到佳吉快运公司发票计 400 元，为购入乙材料运费，签发支票#729678 支付。

（7）15 日，乙材料 400 千克经仓库验收入库，按实际成本 40 400 元转账。

（8）16 日，向第五化工原料公司购入丙材料 600 千克，每千克为 50 元，收到该公司开出的增值税专用发票价税合计 33 900 元，另附佳吉快运公司运费发票计 300 元，分别签发支票#729679 和#729680 支付。

（9）16 日，丙材料 600 千克经仓库验收入库，按实际成本 30 300 元转账。

（10）21 日，向第三化工原料公司购入乙材料 600 千克，每千克为 100 元，收到该公司增值税专用发票价税合计 67 800 元，另附佳吉快运公司运费发票计 600 元。分别签发支票#729684 和#729685 支付。

（11）21 日，乙材料 600 千克经仓库验收入库，按实际成本 60 600 元转账。

2. 上列业务所取得或填制的原始凭证：
（1）取得增值税专用发票两联（见图 4-1、图 4-2），填制转账支票（见图 4-3）。

### 电子发票（增值税专用发票）

发票号码：12285321
开票日期：2024年11月28日

| 购买方信息 | 名称：上海创建精细化工有限公司 |
| --- | --- |
| | 统一社会信用代码/纳税人识别号：310227740596533 |

| 销售方信息 | 名称：上海第一化工原料公司 |
| --- | --- |
| | 统一社会信用代码/纳税人识别号：310222630514181 |

下载次数：1

| 项目名称 | 规格型号 | 单位 | 数量 | 单价 | 金额 | 税率/征收率 | 税额 |
| --- | --- | --- | --- | --- | --- | --- | --- |
| *销售货物* | 甲材料 | 千克 | 400 | 130 | 52000.00 | 13% | 6760.00 |
| 合　　计 | | | | | ¥52000.00 | | ¥6760.00 |

| 价税合计（大写） | ⊗伍万捌仟柒佰陆拾圆整 | （小写）¥58760.00 |
| --- | --- | --- |

备注：
购方开户银行：上海市分行静安区支行；　银行账号：1001003602020002912；
销方开户银行：上海市分行虹口分理处；　银行账号：—；

开票人：

**图 4-1　增值税专用发票**

### 电子发票（增值税专用发票）

发票号码：12285321
开票日期：2024年11月28日

| 购买方信息 | 名称：上海创建精细化工有限公司 |
| --- | --- |
| | 统一社会信用代码/纳税人识别号：310227740596533 |

| 销售方信息 | 名称：上海第一化工原料公司 |
| --- | --- |
| | 统一社会信用代码/纳税人识别号：310222630514181 |

下载次数：1

| 项目名称 | 规格型号 | 单位 | 数量 | 单价 | 金额 | 税率/征收率 | 税额 |
| --- | --- | --- | --- | --- | --- | --- | --- |
| *销售货物* | 甲材料 | 千克 | 400 | 130 | 52000.00 | 13% | 6760.00 |
| 合　　计 | | | | | ¥52000.00 | | ¥6760.00 |

| 价税合计（大写） | ⊗伍万捌仟柒佰陆拾圆整 | （小写）¥58760.00 |
| --- | --- | --- |

备注：
购方开户银行：上海市分行静安区支行；　银行账号：1001003602020002912；
销方开户银行：上海市分行虹口分理处；　银行账号：—；

开票人：

**图 4-2　增值税专用发票**

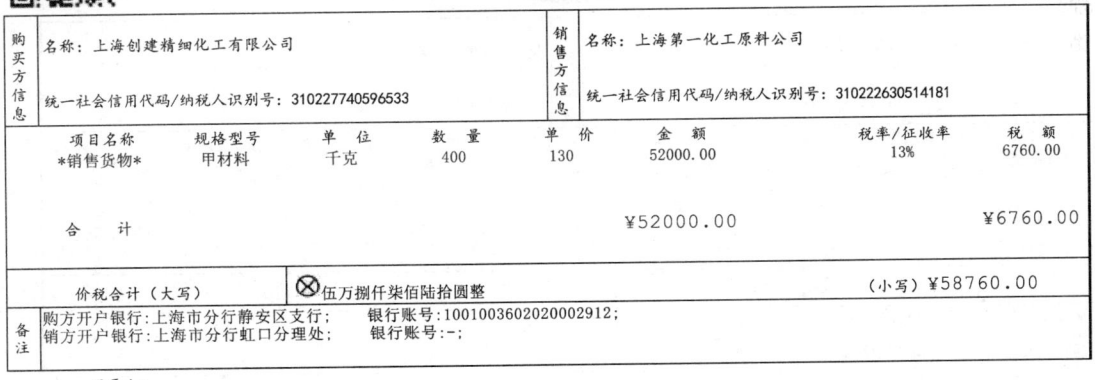

图 4-3 支票

（2）取得运费发票（见图 4-4）。

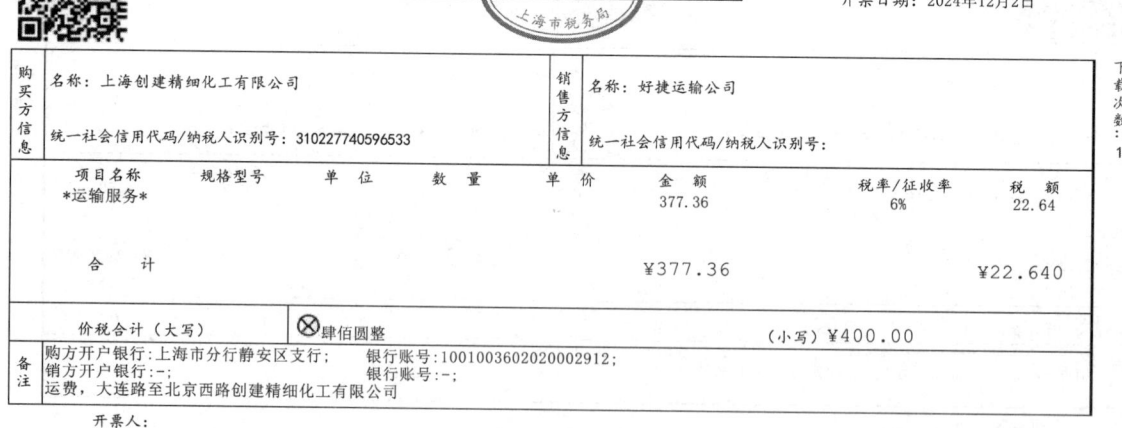

图 4-4 运费发票

（3）填制收料单（见表4-2）。

表 4-2　　　　　　　　　　　　　　收 料 单

供货单位：第一化工原料公司　　　　　　　　　　　　　　　　凭证编号：004
发票号码：　　　　　　　　　　　2024年12月2日　　　　　　　收料仓库：

| 材料编号 | 材料规格及名称 | 计量单位 | 数量 应收 | 数量 实收 | 价格 单价 | 价格 金额 |
|---|---|---|---|---|---|---|
| 001 | 甲材料 | 千克 | 400 | 400 | 131 | 52 400.00 |
|  |  |  |  |  |  |  |
|  |  |  |  |  |  |  |
|  |  |  |  |  |  |  |
| 备　注： |  |  |  |  | 合　计 | ￥52 400.00 |

第 × 联

仓库负责人：　　　　　　　记账：　　　　　　　仓库保管：邓　民　　　　　　　收料：曹　志

（4）取得增值税专用发票两联（见图4-5、图4-6），支票（见图4-7），填制收料单（见表4-3）。

## 电子发票（增值税专用发票）

发票号码：12235224
开票日期：2024年12月2日

| 购买方信息 | 名称：上海创建精细化工有限公司 统一社会信用代码/纳税人识别号：310227740596533 | 销售方信息 | 名称：上海第六化工原料公司 统一社会信用代码/纳税人识别号：310222630525874 |
|---|---|---|---|

| 项目名称 | 规格型号 | 单位 | 数量 | 单价 | 金额 | 税率/征收率 | 税额 |
|---|---|---|---|---|---|---|---|
| *销售货物* | 丁材料 | 千克 | 200 | 25 | 5000.00 | 13% | 650.00 |
| 合　计 |  |  |  |  | ￥5000.00 |  | ￥650.00 |

价税合计（大写）　⊗伍仟陆佰伍拾圆整　　　　　　　　　（小写）￥5650.00

备注：购方开户银行：上海市分行静安区支行；　银行账号：1001003602020002912；
　　　销方开户银行：上海市分行松江区人民分理处；　银行账号：-；

开票人：

图 4-5　增值税专用发票

## 电子发票（增值税专用发票）

发票号码：12235224
开票日期：2024年12月2日

| 购买方信息 | 名称：上海创建精细化工有限公司 统一社会信用代码/纳税人识别号：310227740596533 | 销售方信息 | 名称：上海第六化工原料公司 统一社会信用代码/纳税人识别号：310222630525874 |
|---|---|---|---|

| 项目名称 | 规格型号 | 单位 | 数量 | 单价 | 金额 | 税率/征收率 | 税额 |
|---|---|---|---|---|---|---|---|
| *销售货物* | 丁材料 | 千克 | 200 | 25 | 5000.00 | 13% | 650.00 |
| 合　计 |  |  |  |  | ￥5000.00 |  | ￥650.00 |

价税合计（大写）　⊗伍仟陆佰伍拾圆整　　　　　　　　　（小写）￥5650.00

备注：购方开户银行：上海市分行静安区支行；　银行账号：1001003602020002912；
　　　销方开户银行：上海市分行松江区人民分理处；　银行账号：-；

开票人：

图 4-6　增值税专用发票

中国工商银行 上海市分行

支票号码 $\frac{B}{0}\frac{M}{2}$00729676

附加信息

出票日期：2024 年12月11日

| | |
|---|---|
| 收款人：上海第六化工原料公司 | |
| 金　额：5 650 元 | |
| 用　途：购原材料 | |

单位主管：张耀华　　会计：洪光

本支票付款期限十天

**中国工商银行 上海市分行 支票**

支票号码 $\frac{B}{0}\frac{M}{2}$00729676

出票日期（大写）贰零贰肆年壹拾贰月壹拾壹日　　付款行名称：静安区支行

收款人：上海第六化工原料公司　　出票人账号：1001003602020002912

| 人民币（大写） | 千 | 百 | 十 | 万 | 千 | 百 | 十 | 元 | 角 | 分 |
|---|---|---|---|---|---|---|---|---|---|---|
| 伍仟陆佰伍拾元整 | | | | ¥ | 5 | 6 | 5 | 0 | 0 | 0 |

用途 购货款

上列款项请从

我账户内支付

出票人签章

上海创建精细化工有限公司财务专用章

张耀华章

复核：　　记账：　　验印：

图 4－7　支票

表 4－3

**收　料　单**

供货单位：上海第六化工原料公司　　凭证编号：012

发票号码：　　2024 年 12 月 11 日　　收料仓库：

| 材料编号 | 材料规格及名称 | 计量单位 | 数量 | | 价格 | |
|---|---|---|---|---|---|---|
| | | | 应　收 | 实　收 | 单　价 | 金　额 |
| 004 | 丁材料 | 千克 | 200 | 200 | 25.00 | 5 000.00 |
| | | | | | | |
| | | | | | | |
| 备　注： | | | | | 合　计 | ¥5 000.00 |

第二联

仓库负责人：　　记账：　　仓库保管：邓　民　　收料：曹　志

（5）取得增值税专用发票两联（见图4-8、图4-9），填制转账支票（见图4-10）。

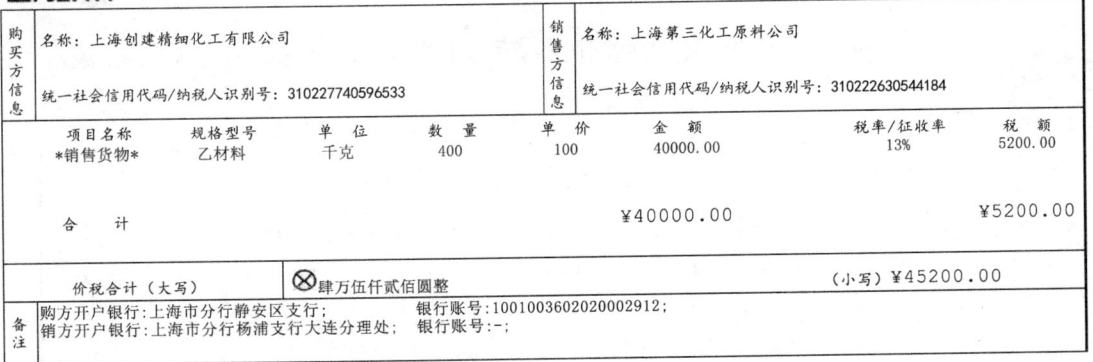

图4-8 增值税专用发票

图4-9 增值税专用发票

## 图 4-10 支票

（6）取得运费发票（见图 4-11），填制转账支票（见图 4-12）。

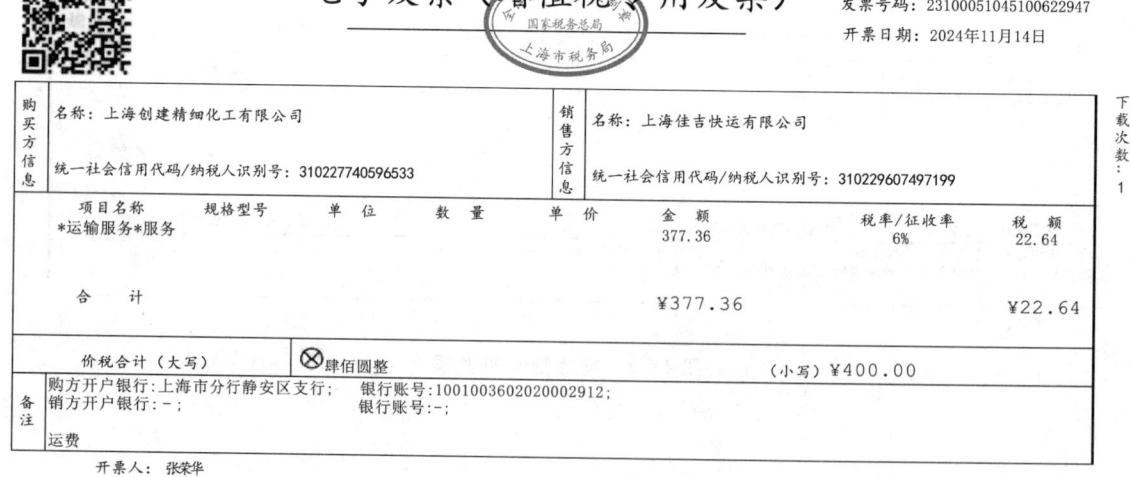

图 4-11 增值税专用发票

## 第四章 借贷记账法的运用

### 中国工商银行 上海市分行

支票号码 BM/02 00729678

附加信息 _____

出票日期：2024 年 12 月 14 日

收款人：上海佳吉快运有限公司

金　额：400 元

用　途：运费

单位主管：张耀华　　会计：洪光

---

### 中国工商银行 上海市分行 支票

支票号码 BM/02 00729678

出票日期（大写）贰零贰肆年壹拾贰月壹拾肆日　　付款行名称：静安区支行
收款人：上海佳吉快运有限公司　　出票人账号：1001003602020002912

人民币（大写）肆佰元整　　¥400.00

用途：运费

上列款项请从我账户内支付

出票人签章：（上海创建精细化工有限公司 财务专用章）（张耀华 章）

复核：　　记账：　　验印：

图 4-12　支票

（7）填制收料单（见表 4-4）。

表 4-4　　　　　　　　　收 料 单

供货单位：上海第三化工原料公司　　　　　　　　　　凭证编号：0013
发票号码：　　　　2024 年 12 月 15 日　　　　　收料仓库：

| 材料编号 | 材料规格及名称 | 计量单位 | 数量 | | 价格 | |
| --- | --- | --- | --- | --- | --- | --- |
| | | | 应收 | 实收 | 单价 | 金额 |
| 002 | 乙材料 | 千克 | 400 | 400 | 101.00 | 40 400.00 |
| | | | | | | |
| | | | | | | |
| 备　注 | | | | | 合　计 | ¥40 400.00 |

仓库负责人：　　　　记账：　　　　仓库保管：邓民　　　　收料：曹志

第二联

（8）取得增值税发票两联（见图4-13、图4-14），运费发票一张（见图4-15），填制转账支票（见图4-16、图4-17）。

图4-13 增值税专用发票

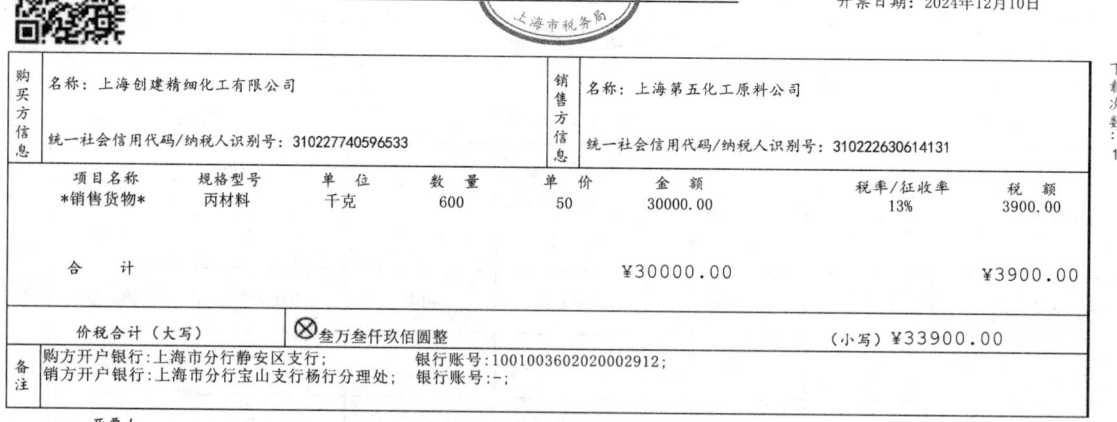

图4-14 增值税专用发票

## 第四章 借贷记账法的运用

电子发票（增值税专用发票）

发票号码：23100051045100761948
开票日期：2024年12月14日

下载次数：1

| 购买方信息 | 名称：上海创建精细化工有限公司 统一社会信用代码/纳税人识别号：310227740596533 | | | | 销售方信息 | 名称：上海佳吉快运有限公司 统一社会信用代码/纳税人识别号：310229607497199 | | |
|---|---|---|---|---|---|---|---|---|
| 项目名称 | 规格型号 | 单位 | 数量 | 单价 | 金额 | | 税率/征收率 | 税额 |
| *运输服务*服务 | | | | | 283.02 | | 6% | 16.98 |
| 合 计 | | | | | ¥283.02 | | | ¥16.98 |
| 价税合计（大写） | ⊗叁佰圆整 | | | | （小写）¥300.00 | | | |
| 备注 | 购方开户银行：上海市分行静安区支行； 销方开户银行：-； 运费 | | | 银行账号：1001003602020002912； 银行账号：-； | | | | |

开票人：张荣华

图 4-15 增值税专用发票

中国工商银行 上海市分行

支票号码 B M 0 2 00729679

附加信息

出票日期：2024 年 12月16日
收款人：上海第五化工原料公司
金　额：33 900元
用　途：购材料
单位主管：张耀华　会计：洪光

中国工商银行 上海市分行 支票

支票号码 B M 0 2 00729679

出票日期（大写）贰零贰肆年壹拾贰月壹拾陆日
收款人：上海第五化工原料公司
付款行名称：静安区支行
出票人账号：1001003602020002912

人民币（大写）叁万叁仟玖佰元整　¥33900 00

用途　货款
上列款项请从
我账户内支付
出票人签章

财务专用章　上海创建精细化工有限公司　张耀华

本支票付款期限十天

复核：　记账：　验印：

图 4-16 支票

## 支票（左联）

中国工商银行 上海市分行

支票号码 B M 0 2 00729680

附加信息

出票日期：2024年12月16日

收款人：上海佳吉快运有限公司

金　额：300元

用　途：运费

单位主管：张耀华　　会计：洪光

本支票付款期限十天

## 支票

中国工商银行 上海市分行　支票

支票号码 B M 0 2 00729680

出票日期（大写）贰零贰肆年壹拾贰月壹拾陆日　　付款行名称：静安区支行

收款人：上海佳吉快运有限公司　　出票人账号：1001003602020002912

人民币（大写）叁佰元整　　￥300 00

用途：运费

上列款项请从我账户内支付

出票人签章：财务专用章（上海创建精细化工有限公司）　张耀华章

复核：　　记账：　　验印：

图 4-17　支票

（9）填制收料单（见表 4-5）。

表 4-5　　　　　　　　　　收　料　单

供货单位：上海第五化工原料公司　　　　　　　　　　　凭证编号：0014

发票号码：　　　　　　　2024 年 12 月 16 日　　　　　收料仓库：

| 材料编号 | 材料规格及名称 | 计量单位 | 数量 应收 | 数量 实收 | 价格 单价 | 价格 金额 |
|---|---|---|---|---|---|---|
| 003 | 丙材料 | 千克 | 600 | 600 | 50.50 | 30 300.00 |
|  |  |  |  |  |  |  |
|  |  |  |  |  |  |  |
|  |  |  |  |  |  |  |
| 备　注： |  |  |  |  | 合　计 | ￥30 300.00 |

仓库负责人：　　　记账：　　　仓库保管：邓民　　　收料：曹志

第二联

(10) 取得增值税发票两联（见图 4-18、图 4-19），运费发票一张（见图 4-20），填制转账支票（见图 4-21、图 4-22）。

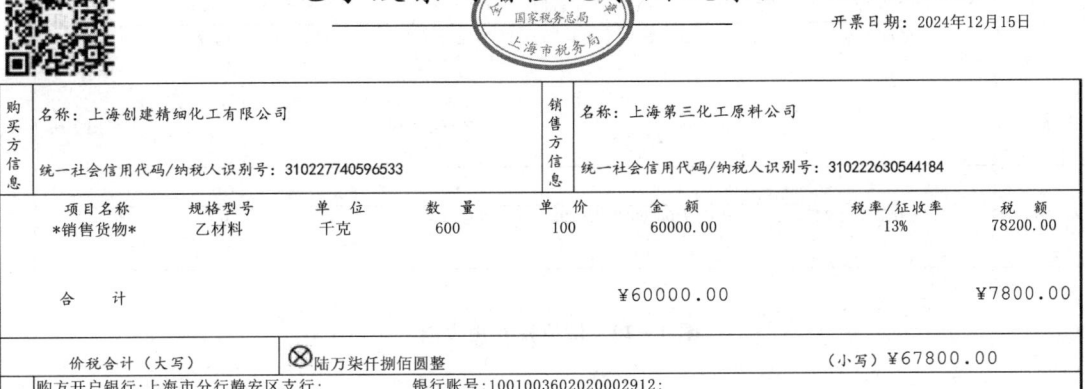

图 4-18 增值税专用发票

图 4-19 增值税专用发票

## 电子发票（增值税专用发票）

发票号码：23100051045100622997
开票日期：2024年12月15日
下载次数：1

| 购买方信息 | 名称：上海创建精细化工有限公司 统一社会信用代码/纳税人识别号：310227740596533 |
|---|---|
| 销售方信息 | 名称：上海佳吉快运有限公司 统一社会信用代码/纳税人识别号：310229607497199 |

| 项目名称 | 规格型号 | 单位 | 数量 | 单价 | 金额 | 税率/征收率 | 税额 |
|---|---|---|---|---|---|---|---|
| *运输服务*服务 | | | | | 566.04 | 6% | 33.96 |
| 合计 | | | | | ¥566.04 | | ¥33.96 |

价税合计（大写）⊗陆佰圆整　　　　（小写）¥600.00

备注：购方开户银行：上海市分行静安区支行；银行账号：1001003602020002912；
销方开户银行：-；银行账号：-；
运费

开票人：张荣华

图 4－20　增值税专用发票

---

中国工商银行　上海市分行

支票号码 B M 0 2 00729684

附加信息

出票日期：2024 年12月21日
收款人：上海第三化工原料公司
金　额：67 800 元
用　途：购材料
单位主管：张耀华　　会计：洪光

中国工商银行　上海市分行　支票

支票号码 B M 0 2 00729684

出票日期（大写）贰零贰肆年壹拾贰月贰拾壹日　付款行名称：静安区支行
收款人：上海第三化工原料公司　　　　　　　出票人账号：1001003602020002912

人民币（大写）陆万柒仟捌佰元整　　千百十万千百十元角分
　　　　　　　　　　　　　　　　　　　¥ 6 7 8 0 0 0 0 0

本支票付款期限十天

用途：货款
上列款项请从
我账户内支付
出票人签章

（财务专用章：上海创建精细化工有限公司）
（张耀华）

复核：　　记账：　　验印：

图 4－21　支票

中国工商银行 上海市分行

支票号码 $\frac{B}{0}\frac{M}{2}$00729685

附加信息

出票日期：2024 年12月21日

| | |
|---|---|
| 收款人：上海佳吉快运有限公司 | |
| 金 额：600元 | |
| 用 途：运费 | |

单位主管：张耀华 会计：洪光

中国工商银行 上海市分行 支票

支票号码 $\frac{B}{0}\frac{M}{2}$00729685

出票日期（大写）贰零贰肆年壹拾贰月贰拾壹日 付款行名称：静安区支行

收款人：上海佳吉快运有限公司 出票人账号：1001003602020002912

本支票付款期限十天

| 人民币（大写） | 陆佰元整 | 千 | 百 | 十 | 万 | 千 | 百 | 十 | 元 | 角 | 分 |
|---|---|---|---|---|---|---|---|---|---|---|---|
| | | | | | | ¥ | 6 | 0 | 0 | 0 | 0 |

用途 运费

上列款项请从

我账户内支付

出票人签章

上海创建精细化工有限公司财务专用章

张耀华章

复核： 记账： 验印：

**图 4－22 支票**

（11）填制收料单（见表 4－6）。

**表 4－6** 收 料 单

供货单位：上海第三化工原料公司 凭证编号：0015

发票号码： 2024 年 12 月 21 日 收料仓库：

| 材料编号 | 材料规格及名称 | 计量单位 | 数量 | | 价格 | |
|---|---|---|---|---|---|---|
| | | | 应收 | 实收 | 单价 | 金额 |
| 002 | 乙材料 | 千克 | 600 | 600 | 101 | 60 600.00 |
| | | | | | | |
| | | | | | | |
| | | | | | | |
| | | | | | | |
| 备注： | | | | | 合计 | ¥60 600.00 |

第二联

仓库负责人： 记账： 仓库保管：邓 民 收料：曹 志

（三）要求

1. 根据上列材料采购业务的原始凭证编制记账凭证。
2. 登记“在途物资”分类账。（平行式）

习题三

（一）目的

练习企业生产过程核算。

（二）资料

某企业 2024 年 7 月发生以下各项经济业务：

1. 生产车间从仓库领用各种原材料进行产品生产。计用于生产 A 产品甲材料 150 千克，每千克为 10.50 元，乙材料 100 千克，每千克为 16.50 元；用于生产 B 产品甲材料 120 千克，每千克为 10.50 元，乙材料 80 千克，每千克为 16.50 元。

2. 结算本月份应付职工工资，按用途归集如下：

A 产品生产工人工资　　　5 000 元

B 产品生产工人工资　　　4 000 元

车间职工工资　　　　　　2 000 元

管理部门职工工资　　　　3 000 元

3. 根据职工工资比例 14% 分配职工福利费：

A 产品生产工人　　　　　700 元

B 产品生产工人　　　　　560 元

车间职工　　　　　　　　280 元

管理部门职工　　　　　　420 元

4. 计提本月固定资产折旧，计车间使用的固定资产折旧 600 元，管理部门使用固定资产折旧 300 元。

5. 以银行存款支付应由本月车间负担的水电费 200 元。

6. 车间报销办公费及其他零星开支 400 元，以现金支付。

7. 车间管理人员出差报销差旅费 237 元，原预支 300 元，余额归还现金。

8. 将制造费用 3 717 元如数转入"生产成本"账户。

9. 本月生产 A 产品 100 件、B 产品 80 件，均已全部制造完成，并已验收入库，按实际成本 19 782 元入账。

（三）要求

1. 根据上列产品生产的经济业务编制会计分录。

2. 登记"生产成本""制造费用""库存商品"总分类账。

## 第四章 借贷记账法的运用

**习题四**

（一）目的

模拟企业生产过程核算。

（二）资料

1. 2024年12月创建化工有限公司发生以下部分生产业务。

（1）5日，向大华劳防用品商店购入生产用面罩、手套合计200元，凭发票以现金支付。用品即交车间使用。

（2）5日，生产车间向仓库领取乙材料920千克，每千克实际成本为101元，其中，用于制造A产品320千克，B产品600千克。

（3）10日，生产车间向仓库领用甲材料200千克，每千克实际成本为131元，用于制造A产品。

（4）10日，支付上海大众设备修理厂车间设备修理费660元，发票收到，签发支票#729675支付。

（5）11日，生产车间向仓库领用丁材料40千克，每千克为25元，用于一般耗用。

（6）15日，生产车间向仓库领用甲材料400千克，每千克实际成本为131元，用于制造B产品。

（7）22日，生产车间向仓库领用丙材料300千克，每千克实际成本为50.50元，其中，用于制造A产品100千克，用于制造B产品200千克。

（8）22日，签发支票#729686支付车间设备修理费900元。

（9）22日，向大明文具用品商店购入文具用品280元，其中，车间用160元，管理部门用120元，以现金支付。

（10）31日，假设本期制造费用为26 200元，制造A产品工人工资为22 800元，B产品工人工资为34 200元，编制制造费用分配单，按生产工人工资比例分配计入A、B产品生产成本。

（11）31日，结转已完工A产品300件、B产品400件的实际生产成本，编制A、B产品生产成本计算表和产品入库单。

2. 上列生产业务所取得的原始凭证。

（1）取得购物发票（见图4-23），填制车间领物单（见表4-7）。

电子发票（增值税专用发票）　发票号码：
开票日期：2024年12月5日

| 购买方信息 | 名称：上海创建精细化工有限公司 | | | | 销售方信息 | 名称：上海大华劳防用品商店 | | |
|---|---|---|---|---|---|---|---|---|
| | 统一社会信用代码/纳税人识别号：310227740596533 | | | | | 统一社会信用代码/纳税人识别号：310160234580835 | | |
| 项目名称 | 规格型号 | 单位 | 数量 | 单价 | 金额 | | 税率/征收率 | 税 额 |
| *销售货物* | 面罩 | 只 | 5 | 22.124 | 110.62 | | 13% | 14.38 |
| | 手套 | 双 | 10 | 6.637 | 66.37 | | | 8.63 |
| 合　计 | | | | | ¥176.99 | | | ¥23.01 |
| 价税合计（大写） | | ⊗贰佰圆整 | | | | （小写）¥200.00 | | |
| 备注 | 购方开户银行：上海市分行静安区支行；　银行账号：1001003602020002912；<br>销方开户银行：-；　银行账号：-； | | | | | | | |
| 开票人： | | | | | | | | |

图4-23　增值税专用发票

表 4-7　　　　　　　　　　　　　　　　　领 物 单

领物部门：　车间　　　　　　　　　　　　　　　　　　　　　　凭证编号：
用　　途：劳动防护　　　　　　2024 年 12 月 5 日　　　　　　　物料仓库：

| 物料编号 | 材料规格及名称 | 计量单位 | 数量 请领 | 数量 实领 | 价格 单价 | 价格 金额 |
|---|---|---|---|---|---|---|
| 021 | 面罩 | 只 | 5 | 5 | 25.00 | 125.00 |
| 051 | 手套 | 双 | 10 | 10 | 7.50 | 75.00 |
|  |  |  |  |  |  |  |
|  |  |  |  |  |  |  |
| 备　注： |  |  |  |  | 合　计 | ￥200.00 |

记账：　　　　　　　　　　　　审批：　　　　　　　　　　　　领物：张　生

第二联

（2）填制领料单（见表 4-8）。

表 4-8　　　　　　　　　　　　　　　　　领 料 单

领料部门：　车间　　　　　　　　　　　　　　　　　　　　　　凭证编号：006
用　　途：制造 A、B 产品　　　　2024 年 12 月 5 日　　　　　　收料仓库：

| 材料编号 | 材料规格及名称 | 计量单位 | 数量 请领 | 数量 实领 | 价格 单价 | 价格 金额 |
|---|---|---|---|---|---|---|
| 002 | 乙材料 | 千克 | 920 | 920 | 101 | 92 920.00 |
|  |  |  |  |  |  |  |
|  |  |  |  |  |  |  |
| 备　注： |  |  |  |  | 合　计 | ￥92 920.00 |

记账：　　　　　　　发料：黄 正　　　　　审批：　　　　　　　领料：宋 民

第二联

（3）填制领料单（见表 4-9）。

表 4-9　　　　　　　　　　　　　　　　　领 料 单

领料部门：　车间　　　　　　　　　　　　　　　　　　　　　　凭证编号：007
用　　途：制造 A 产品　　　　　2024 年 12 月 10 日　　　　　　收料仓库：

| 材料编号 | 材料规格及名称 | 计量单位 | 数量 请领 | 数量 实领 | 价格 单价 | 价格 金额 |
|---|---|---|---|---|---|---|
| 001 | 甲材料 | 千克 | 200 | 200 | 131 | 26 200.00 |
|  |  |  |  |  |  |  |
|  |  |  |  |  |  |  |
| 备　注： |  |  |  |  | 合　计 | ￥26 200.00 |

记账：　　　　　　　发料：黄 正　　　　　审批：　　　　　　　领料：宋 民

第二联

(4) 取得修理发票（见图 4-24），填制转账支票（见图 4-25）。

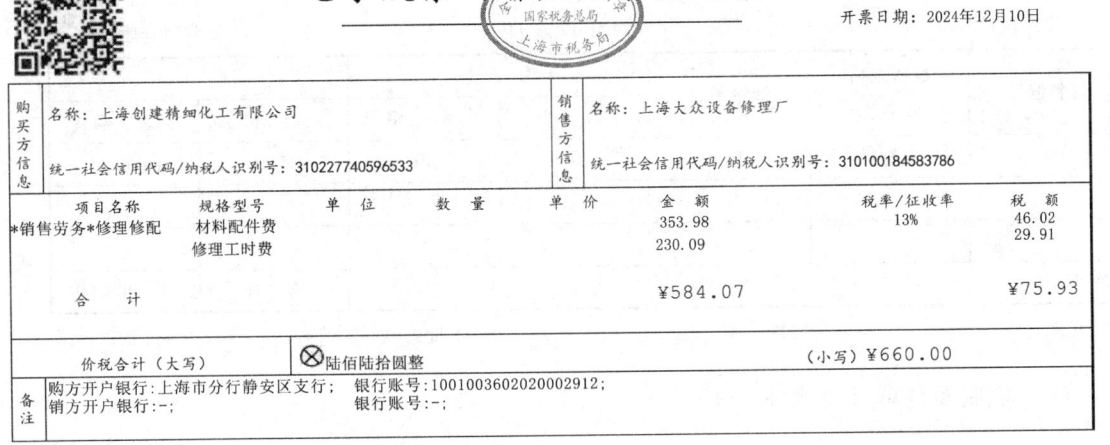

图 4-24 增值税专用发票

图 4-25 支票

(5) 填制领料单（见表 4-10、表 4-11、表 4-12）。

表 4-10　　　　　　　　　　　　　　领　料　单

领料部门：　　车间　　　　　　　　　　　　　　　　　　　　　　　凭证编号：008
用　途：物料消耗　　　　　　　2024 年 12 月 11 日　　　　　　　　　收料仓库：

| 材料编号 | 材料规格及名称 | 计量单位 | 数量 | | 价格 | |
|---|---|---|---|---|---|---|
| | | | 请领 | 实领 | 单价 | 金额 |
| 004 | 丁材料 | 千克 | 40 | 40 | 25.00 | 1 000.00 |
| | | | | | | |
| | | | | | | |
| 备　注： | | | | | 合　计 | ￥1 000.00 |

记账：　　　　　　　发料：黄正　　　　　　　审批：　　　　　　　领料：宋民

第二联

(6) 填制领料单（见表 4-11）。

表 4-11　　　　　　　　　　　　　　领　料　单

领料部门：　　车间　　　　　　　　　　　　　　　　　　　　　　　凭证编号：009
用　途：制造 B 产品　　　　　　2024 年 12 月 15 日　　　　　　　　收料仓库：

| 材料编号 | 材料规格及名称 | 计量单位 | 数量 | | 价格 | |
|---|---|---|---|---|---|---|
| | | | 请领 | 实领 | 单价 | 金额 |
| 001 | 甲材料 | 千克 | 400 | 400 | 131.00 | 52 400.00 |
| | | | | | | |
| | | | | | | |
| 备　注： | | | | | 合　计 | ￥52 400.00 |

记账：　　　　　　　发料：黄正　　　　　　　审批：　　　　　　　领料：宋民

第二联

(7) 填制领料单（见表 4-12）。

表 4-12　　　　　　　　　　　　　　领　料　单

领料部门：　　车间　　　　　　　　　　　　　　　　　　　　　　　凭证编号：
用　途：制造 A、B 产品　　　　　2024 年 12 月 22 日　　　　　　　　收料仓库：

| 材料编号 | 材料规格及名称 | 计量单位 | 数量 | | 价格 | |
|---|---|---|---|---|---|---|
| | | | 请领 | 实领 | 单价 | 金额 |
| 003 | 丙材料 | 千克 | 300 | 300 | 50.50 | 15 150.00 |
| | | | | | | |
| | | | | | | |
| | | | | | | |
| 备　注： | | | | | 合　计 | ￥15 150.00 |

记账：　　　　　　　发料：黄正　　　　　　　审批：　　　　　　　领料：宋民

第二联

(8) 取得修理单位发票（见图 4-26），填制转账支票（见图 4-27）。

## 电子发票（增值税专用发票）

发票号码：
开票日期：2024年12月20日
下载次数：1

| 购买方信息 | 名称：上海创建精细化工有限公司 统一社会信用代码/纳税人识别号：310227740596533 | | | | 销售方信息 | 名称：上海大众第二汽车修理厂 统一社会信用代码/纳税人识别号：310100184583700 | | | |
|---|---|---|---|---|---|---|---|---|---|
| 项目名称 | 规格型号 | 单位 | 数量 | 单价 | 金额 | | 税率/征收率 | 税额 | |
| *销售劳务*修理修配 | 材料配件费 修理工时费 | | | | 575.22 221.24 | | 13% | 74.78 28.76 | |
| 合计 | | | | | ¥796.46 | | | ¥103.54 | |
| 价税合计（大写） | ⊗玖佰圆整 | | | | | （小写）¥900.00 | | | |
| 备注 | 购方开户银行：上海市分行静安区支行； 银行账号：1001003602020002912； 销方开户银行：-； 银行账号：-； | | | | | | | | |

开票人：

图 4-26 增值税专用发票

中国工商银行 上海市分行

支票号码 B M 0 2 00729686

附加信息

出票日期：2024 年12月22日
收款人：上海大众第二汽车修理厂
金　额：900元
用　途：修理费
单位主管：张耀华　　会计：洪光

中国工商银行 上海市分行 支票

支票号码 B M 0 2 00729686

出票日期(大写) 贰零贰肆年壹拾贰月贰拾贰日　　付款行名称：静安区支行
收款人：上海大众第二汽车修理厂　　　　　　出票人账号：1001003602020002912

人民币（大写）　玖佰元整

| 千 | 百 | 十 | 万 | 千 | 百 | 十 | 元 | 角 | 分 |
|---|---|---|---|---|---|---|---|---|---|
|  |  |  |  |  | ¥ | 9 | 0 | 0 | 0 |

用途：修理费
上列款项请从
我账户内支付
出票人签章

财务专用章：上海创建精细化工有限公司
华章　张耀

复核：　　记账：　　验印：

图 4-27 支票

（9）取得购文具用品发票（见图4-28）。

| 购买方信息 | 名称：上海创建精细化工有限公司 | | | | 销售方信息 | 名称：上海大众第二汽车修理厂 | | | |
|---|---|---|---|---|---|---|---|---|---|
| | 统一社会信用代码/纳税人识别号：310227740596533 | | | | | 统一社会信用代码/纳税人识别号：310100184583700 | | | |
| 项目名称 | 规格型号 | 单位 | 数量 | 单价 | 金额 | | 税率/征收率 | | 税额 |
| *销售货物* | 账簿、账页 | 本 | 8 | 7.965 | 63.72 | | 13% | | 8.28 |
| | 凭证 | 本 | 16 | 2.655 | 42.48 | | | | 5.52 |
| | 圆珠笔 | 支 | 10 | 3.540 | 35.40 | | | | 4.60 |
| | 文件夹 | 个 | 10 | 10.619 | 106.19 | | | | 13.81 |
| 合 计 | | | | | ¥247.79 | | | | ¥32.21 |
| 价税合计（大写） | | ⊗贰佰捌拾圆整 | | | | | （小写）¥280.00 | | |
| 备注 | 购方开户银行：上海市分行静安区支行； 银行账号：1001003602020002912; 销方开户银行：-; 银行账号：-; | | | | | | | | |
| 开票人： | | | | | | | | | |

图4-28 增值税专用发票

（10）结转制造费用，编制制造费用分配表（见表4-13）。

表4-13　　　　　　　　　　制造费用分配表

2024年12月

| 项　　　目 | | 金　额 | 分配率 | 分配金额（元） |
|---|---|---|---|---|
| 总账科目 | 明细科目 | | | |
| 制造费用 | | 26 200 | | |
| 生产成本 | A产品——工人工资 | 22 800 | 40% | 10 480.00 |
| | B产品——工人工资 | 34 200 | 60% | 15 720.00 |

制单：林　苗

（11）编制产品生产成本计算表（见表4-14、表4-15）。编制产品入库单（见图4-29）。

表4-14　　　　　　　　　　产品生产成本计算表

2024年12月　　　　　　　　　　　　　　　　　　单位：元

| 成 本 项 目 | A　产　品 | |
|---|---|---|
| | 总成本（300件） | 单位成本 |
| 直接材料 | 63 570 | 211.90 |
| 直接人工 | 22 800 | 76.00 |
| 制造费用 | 10 480 | 34.93 |
| | | |
| | | |
| 产品生产成本 | 96 850 | 322.83 |

制单：刘　行

表 4-15 产品生产成本计算表

2024 年 12 月　　　　　　　　　　　　　　　　　　单位：元

| 成本项目 | B 产品 | |
|---|---|---|
| | 总成本（400件） | 单位成本 |
| 直接材料 | 123 100 | 307.75 |
| 直接人工 | 34 200 | 85.50 |
| 制造费用 | 15 720 | 39.30 |
| | | |
| | | |
| 产品生产成本 | 173 020 | 432.55 |

制单：刘 行

**产品入库单**

编　　号：
交库单位：　　　　　车间　　　　2024 年 12 月 31 日　　　　　产品仓库：

| 产品编号 | 产品名称 | 规格 | 单位 | 交付数量 | 检验结果 | | 实收数量 | 单价 | 金额 |
|---|---|---|---|---|---|---|---|---|---|
| | | | | | 合格 | 不合格 | | | |
| 310 | A 产品 | | 件 | 300 | √ | | 300 | 322.83 | 96 850.00 |
| 311 | B 产品 | | 件 | 400 | √ | | 400 | 432.55 | 173 020.00 |
| 合计 | | | | | | | | | ￥269 870.00 |
| 备注 | | | | | | | | | |

记账：　　　　　　　检验：　　　　　　　仓库：施 华　　　　　　　经手：李 卫

图 4-29　产品入库单

（三）要求

1. 根据上列产品生产业务的原始凭证，编制记账凭证。
2. 登记"生产成本""制造费用"明细分类账。

习题五

（一）目的

练习企业销售过程的核算。

（二）资料

某企业2024年7月发生有关销售经济业务如下：

1. 向甲工厂出售A产品500件，每件售价为60元，增值税税率为13%，货款已收到，存入银行。

2. 向乙公司出售B产品300件，每件售价为150元，增值税税率为13%，货款尚未收到。

3. 按出售的两种产品的实际销售成本转账（A产品每件为45元，B产品每件为115元）。

4. 以银行存款支付上述A、B两种产品在销售过程中的运输费为800元、包装物为200元。

5. 结算本月销售机构职工工资1 000元，并按工资比例计提职工福利费140元。

6. 按规定计算和登记B产品应缴纳的消费税（按销售价计算的消费税税率为10%）。

7. 向丙工厂出售材料物资100千克，每千克售价为12元，货款为1 356元（含税）已收到，存入银行。

8. 按出售的材料物资实际销售成本转账（每千克为10元）。

（三）要求

1. 根据上列各项经济业务编制会计分录。

2. 计算营业利润。

习题六

（一）目的

模拟企业销售过程的核算。

（二）资料

1. 2024年12月发生以下销售业务。

（1）2日，售予上海商厦A产品400件，每件售价为360元，开出增值税销售发票，价税合计162 720元，货款收到，存入银行。

（2）4日，收到支票两张计192 000元，系第二商厦还来前欠货款72 000元，第四商厦还来前欠货款120 000元，支票送存银行。

（3）8日，售予第二商厦A产品600件，每件售价为360元，开出增值税发票价税合计244 080元，货款尚未收到。

（4）9日，售予第四商厦B产品200件，每件售价为480元，开出增值税发票价税合计108 480元，货款尚未收到。

（5）9日，购入即用的销售用包装纸箱200只，每只售价为16元，计3 200元，取得梅龙镇日用百货公司发票，签发支票#729674支付。

（6）10日，收到上海快递公司销售商品运杂费为160元发票一张，以现金支付。

（7）17日，以现金支付上海快递公司商品销售运杂费为100元。

（8）18日，收到第二商厦前欠货款为244 080元，支票当即送存银行。

（9）21日，收到第四商厦前欠货款为108 480元，支票当即送存银行。

（10）21日，售予上海商厦B产品300件，每件售价为480元，开出增值税发票价税合计162 720元，货款收到，支票送存银行。

（11）21日，收到上海快递公司发票，以现金支付销售装卸费100元。

（12）24日，售予第二商厦A产品200件，每件售价为360元，开出增值税发票价税合计81 360元，货已发出，货款尚未收到。

（13）收到顺吉快运公司发票，以现金支付装卸费100元。

2. 上列业务取得或填制的原始凭证。

（1）填制销货发票及银行进账单（见图4-30、图4-31）。

电子发票（增值税专用发票）

发票号码：13882485
开票日期：2024年12月2日

| 购买方信息 | 名称：上海商厦 统一社会信用代码/纳税人识别号：310220845926455 | 销售方信息 | 名称：上海创建精细化工有限公司 统一社会信用代码/纳税人识别号：310227740596533 |
|---|---|---|---|

| 项目名称 | 规格型号 | 单位 | 数量 | 单价 | 金额 | 税率/征收率 | 税额 |
|---|---|---|---|---|---|---|---|
| *销售货物* | A产品 | 件 | 400 | 360 | 144000.00 | 13% | 18720.00 |
| 合　　计 | | | | | ¥144000.00 | | ¥18720.00 |

价税合计（大写）　⊗壹拾陆万贰仟柒佰贰拾圆整　　　　　　（小写）¥162720.00

备注：
购方开户银行：上海市分行徐汇支行虹桥分理处；　银行账号：1001002603020001918；
销方开户银行：上海市分行静安区支行；　　　　　银行账号：1001003602020002912；

开票人：

图4-30　增值税专用发票

中国工商银行进账单（回单或收款通知）　　　1

| 收款人 | 全称 | 上海创建精细化工有限公司 | 付款人 | 全称 | 上海商厦 |
|---|---|---|---|---|---|
| | 账号 | 1001003602020002912 | | 账号 | 1001002603020001918 |
| | 开户银行 | 上海市工行静安支行 | | 开户银行 | 上海市工行徐汇支行虹桥分理处 |

| 人民币（大写） | 壹拾陆万贰仟柒佰贰拾元整 | 千 | 百 | 十 | 万 | 千 | 百 | 十 | 元 | 角 | 分 |
|---|---|---|---|---|---|---|---|---|---|---|---|
| | | ¥ | 1 | 6 | 2 | 7 | 2 | 0 | 0 | 0 | 0 |

| 票据种类 | 支票 |
|---|---|
| 票据张数 | 壹张 |

中国工商银行上海市分行静安区支行
2024.12.02
收款专用章

单位主管：　会计：　复核：　记账：　　　　　收款人开户银行盖章

此联是收款人开户行交给收款人的回单或收账通知

图4-31　进账单

(2) 填制银行进账单（见图 4-32、图 4-33）。

中国工商银行进账单（回单或收款通知） 1

| 收款人 | 全 称 | 上海创建精细化工有限公司 | 付款人 | 全 称 | 上海第二商厦 |
| --- | --- | --- | --- | --- | --- |
| | 账 号 | 1001003602020002912 | | 账 号 | 1001171600200009118 |
| | 开户银行 | 上海市工行静安支行 | | 开户银行 | 上海市工行虹口支行四平分理处 |

| 人民币（大写） | 柒万贰仟元整 | | 千 | 百 | 十 | 万 | 千 | 百 | 十 | 元 | 角 | 分 |
| --- | --- | --- | --- | --- | --- | --- | --- | --- | --- | --- | --- | --- |
| | | | | | ¥ | 7 | 2 | 0 | 0 | 0 | 0 | 0 |

| 票据种类 | 支票 |
| --- | --- |
| 票据张数 | 壹张 |

（盖章：中国工商银行上海市分行静安区支行 2024.12.04 收款专用章）

单位主管： 会计： 复核： 记账： 收款人开户银行盖章

此联是收款人开户行交给收款人的回单或收账通知

**图 4-32 进账单**

中国工商银行进账单（回单或收款通知） 1

| 收款人 | 全 称 | 上海创建精细化工有限公司 | 付款人 | 全 称 | 上海第四商厦 |
| --- | --- | --- | --- | --- | --- |
| | 账 号 | 1001003602020002912 | | 账 号 | 10010036032300125 |
| | 开户银行 | 上海市工行静安支行 | | 开户银行 | 上海市工行普陀支行曹杨分理处 |

| 人民币（大写） | 壹拾贰万元整 | | 千 | 百 | 十 | 万 | 千 | 百 | 十 | 元 | 角 | 分 |
| --- | --- | --- | --- | --- | --- | --- | --- | --- | --- | --- | --- | --- |
| | | | | ¥ | 1 | 2 | 0 | 0 | 0 | 0 | 0 | 0 |

| 票据种类 | 支票 |
| --- | --- |
| 票据张数 | 壹张 |

（盖章：中国工商银行上海市分行静安区支行 2024.12.04 收款专用章）

单位主管： 会计： 复核： 记账： 收款人开户银行盖章

此联是收款人开户行交给收款人的回单或收账通知

**图 4-33 进账单**

（3）填制销货发票（见图4-34）。

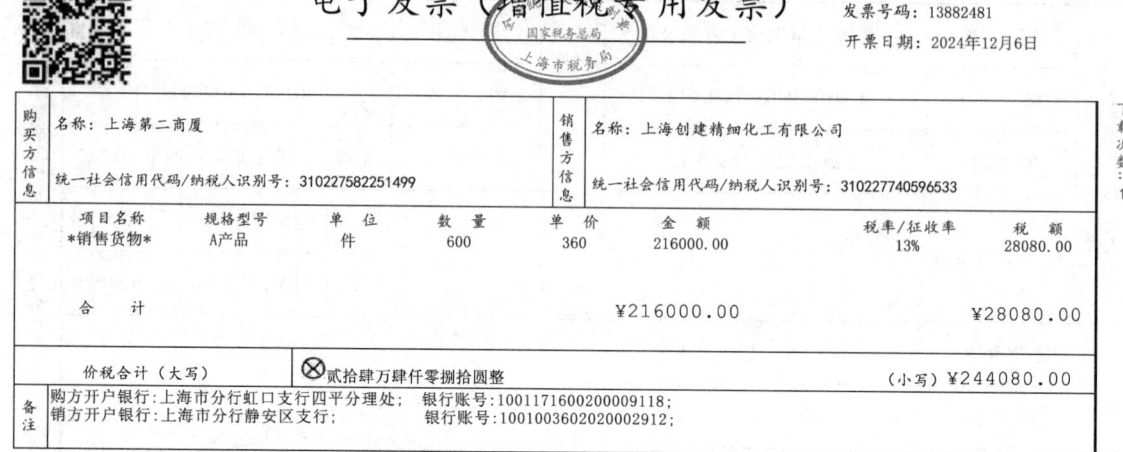

图4-34　增值税专用发票

（4）填制销货发票（见图4-35）。

图4-35　增值税专用发票

(5) 取得购物发票（见图4-36），填制支票和购物单（见图4-37、图4-38）。

电子发票（增值税专用发票）

发票号码：13100052340800143868
开票日期：2024年12月8日
下载次数：1

| 购买方信息 | 名称：上海创建精细化工有限公司 | | | | | 销售方信息 | 名称：上海梅龙镇日用百货有限公司 | | | |
|---|---|---|---|---|---|---|---|---|---|---|
| | 统一社会信用代码/纳税人识别号：310227740596533 | | | | | | 统一社会信用代码/纳税人识别号：310106607367490 | | | |
| 项目名称 | 规格型号 | 单位 | 数量 | 单价 | 金额 | | | 税率/征收率 | | 税额 |
| *销售货物* | | 纸箱 | 200 | 14.1593 | 2831.86 | | | 13% | | 368.14 |
| 合　计 | | | | | ¥2831.86 | | | | | ¥368.14 |
| 价税合计（大写）　⊗叁仟贰佰圆整 | | | | | | | （小写）¥3200.00 | | | |
| 备注 | 购方开户银行：上海市分行静安支行；　银行账号：1001003602020002912；<br>销方开户银行：-；　　　　　　　　　银行账号：-； | | | | | | | | | |

开票人：

图4-36　增值税专用发票

中国工商银行　上海市分行

支票号码 B M 00729674
　　　　　0 2

附加信息

出票日期：2024年12月9日
收款人：梅龙镇日用百货有限公司
金　额：3 200元
用　途：购纸箱
单位主管：张耀华　　会计：洪光

中国工商银行　上海市分行　支票

支票号码 B M 00729674
　　　　　0 2

出票日期(大写)　贰零贰肆年壹拾贰月零玖日
收款人：上海梅龙镇日用百货有限公司
付款行名称：静安区支行
出票人账号：1001003602020002912

人民币（大写）　叁仟贰佰元整　　¥3200000

用途　购物
上列款项请从
我账户内支付
出票人签章

财务专用章　上海创建精细化工有限公司
华章　张耀

复核：　　记账：　　验印：

图4-37　支票

## 购 物 单

2024 年 12 月 9 日    单位：元

| 品　名 | 摘　要 | 数　量 | 单　价 | 金　额 |
|---|---|---|---|---|
| 纸箱 | 销售用包装 | 200 | 16 | 3 200.00 |
|  |  |  |  |  |
| 合　计 |  |  |  | ¥3 200.00 |

主管：　　　　销售部：彭　正　　　　审核：王　行　　　　领物人：曹　源

图 4-38　购物单

（6）取得运费发票（见图 4-39）。

**电子发票（增值税专用发票）**　　发票号码：

开票日期：2024年12月10日

| 购买方信息 | 名称：上海创建精细化工有限公司 统一社会信用代码/纳税人识别号：310227740596533 | | | 销售方信息 | 名称：上海快递运输公司 统一社会信用代码/纳税人识别号：310160230440690 | | |
|---|---|---|---|---|---|---|---|
| 项目名称 | 规格型号 | 单位　数量 | 单价 | 金额 150.94 | | 税率/征收率 6% | 税额 9.06 |
| *运输服务*服务 | | | | | | | |
| 合　计 | | | | ¥150.94 | | | ¥9.06 |
| 价税合计（大写） | | ⊗壹佰陆拾圆整 | | | （小写）¥160.00 | | |
| 备注 | 购方开户银行：上海市分行静安区支行；银行账号：1001003602020002912； 销方开户银行：-；银行账号：-； 运杂费，北京西路至大连西路，上海第二商厦 | | | | | | |

开票人：

下载次数：1

图 4-39　增值税专用发票

（7）取得运杂费发票（见图 4-40）。

**电子发票（增值税专用发票）**　　发票号码：

开票日期：2024年12月17日

| 购买方信息 | 名称：上海创建精细化工有限公司 统一社会信用代码/纳税人识别号：310227740596533 | | | 销售方信息 | 名称：上海快递运输公司 统一社会信用代码/纳税人识别号：310160230440690 | | |
|---|---|---|---|---|---|---|---|
| 项目名称 | 规格型号 | 单位　数量 | 单价 | 金额 94.34 | | 税率/征收率 6% | 税额 5.66 |
| *运输服务*服务 | | | | | | | |
| 合　计 | | | | ¥94.34 | | | ¥5.66 |
| 价税合计（大写） | | ⊗壹佰圆整 | | | （小写）¥100.00 | | |
| 备注 | 购方开户银行：上海市分行静安区支行；银行账号：1001003602020002912； 销方开户银行：-；银行账号：-； 运费，北京西路至中山西路 | | | | | | |

开票人：

下载次数：1

图 4-40　增值税专用发票

（8）填制银行进账单（见图4-41）。

中国工商银行进账单（回单或收款通知）　　　1

| 收款人 | 全　称 | 上海创建精细化工有限公司 | 付款人 | 全　称 | 上海第二商厦 |
|---|---|---|---|---|---|
| | 账　号 | 1001003602020002912 | | 账　号 | 1001171600200009118 |
| | 开户银行 | 上海市工行静安支行 | | 开户银行 | 上海市工行虹口支行四平分理处 |

| 人民币（大写） | 贰拾肆万肆仟零捌拾元整 | 千 | 百 | 十 | 万 | 千 | 百 | 十 | 元 | 角 | 分 |
|---|---|---|---|---|---|---|---|---|---|---|---|
| | | ¥ | 2 | 4 | 4 | 0 | 8 | 0 | 0 | 0 | 0 |

| 票据种类 | 支票 |
|---|---|
| 票据张数 | 壹张 |

中国工商银行上海市分行静安区支行
2024.12.18
收款专用章

单位主管：　　会计：　　复核：　　记账：　　　　　收款人开户银行盖章

此联是收款人开户行交给收款人的回单或收账通知

**图4-41　银行进账单**

（9）填制银行进账单（见图4-42）。

中国工商银行进账单（回单或收款通知）　　　1

| 收款人 | 全　称 | 上海创建精细化工有限公司 | 付款人 | 全　称 | ·上海第四商厦 |
|---|---|---|---|---|---|
| | 账　号 | 1001003602020002912 | | 账　号 | 10010036032300125 |
| | 开户银行 | 上海市工行静安支行 | | 开户银行 | 上海市工行普陀支行曹杨分理处 |

| 人民币（大写） | 壹拾捌万肆仟捌佰捌拾元整 | 千 | 百 | 十 | 万 | 千 | 百 | 十 | 元 | 角 | 分 |
|---|---|---|---|---|---|---|---|---|---|---|---|
| | | | ¥ | 1 | 0 | 8 | 4 | 8 | 0 | 0 | 0 |

| 票据种类 | 支票 |
|---|---|
| 票据张数 | 壹张 |

中国工商银行上海市分行静安区支行
2024.12.21
收款专用章

单位主管：　　会计：　　复核：　　记账：　　　　　收款人开户银行盖章

此联是收款人开户行交给收款人的回单或收账通知

**图4-42　银行进账单**

(10) 填制销货发票，银行进账单（见图4-43、图4-44）。

电子发票（增值税专用发票）

发票号码：13882486
开票日期：2024年12月20日

| 购买方信息 | 名称：上海商厦 统一社会信用代码/纳税人识别号：310220845926455 | | | 销售方信息 | 名称：上海创建精细化工有限公司 统一社会信用代码/纳税人识别号：310227740596533 | | |
|---|---|---|---|---|---|---|---|
| 项目名称 | 规格型号 | 单位 | 数量 | 单价 | 金额 | 税率/征收率 | 税额 |
| *销售货物* | B产品 | 件 | 300 | 480 | 144000.00 | 13% | 18720.00 |
| 合 计 | | | | | ¥144000.00 | | ¥18720.00 |
| 价税合计（大写） | ⊗ 壹拾陆万贰仟柒佰贰拾圆整 | | | | | （小写）¥162720.00 | |
| 备注 | 购方开户银行：上海市分行徐汇支行虹桥分理处；银行账号：1001002603020001918；销方开户银行：上海市分行静安区支行；银行账号：1001003602020002912； | | | | | | |

开票人：

图4-43 增值税专用发票

**中国工商银行进账单**（回单或收款通知）    1

| 收款人 | 全 称 | 上海创建精细化工有限公司 | 付款人 | 全 称 | 上海商厦 |
|---|---|---|---|---|---|
| | 账 号 | 1001003602020002912 | | 账 号 | 1001002603020001918 |
| | 开户银行 | 上海市工行静安支行 | | 开户银行 | |

| 人民币（大写） | 壹拾陆万贰仟柒佰贰拾元整 | 千 | 百 | 十 | 万 | 千 | 百 | 十 | 元 | 角 | 分 |
|---|---|---|---|---|---|---|---|---|---|---|---|
| | | ¥ | 1 | 6 | 2 | 7 | 2 | 0 | 0 | 0 | 0 |

| 票据种类 | 支票 |
|---|---|
| 票据张数 | 壹张 |

（中国工商银行上海分行静安区支行 2024.12.21 收款专用章）

单位主管：    会计：    复核：    记账：

收款人开户银行盖章

此联是收款人开户行交给收款人的回单或收账通知

图4-44 银行进账单

(11) 取得运费发票（见图4-45）。

电子发票（增值税专用发票）  发票号码：
开票日期：2024年12月17日

| 购买方信息 | 名称：上海创建精细化工有限公司 统一社会信用代码/纳税人识别号：310227740596533 | 销售方信息 | 名称：上海快递运输公司 统一社会信用代码/纳税人识别号：310160230440690 |

| 项目名称 | 规格型号 | 单位 | 数量 | 单价 | 金额 | 税率/征收率 | 税额 |
| --- | --- | --- | --- | --- | --- | --- | --- |
| *运输服务*服务 | | | | | 94.34 | 6% | 5.66 |
| 合　计 | | | | | ¥94.34 | | ¥5.66 |

| 价税合计（大写） | ⊗ 壹佰圆整 | （小写）¥100.00 |

备注：购方开户银行：上海市分行静安区支行；　银行账号：1001003602020002912；
销方开户银行：-；　银行账号：-；
运费，北京西路至中山西路

开票人：

图4-45　增值税专用发票

(12) 填制销货发票（见图4-46）。

电子发票（增值税专用发票）  发票号码：13882482
开票日期：2024年12月24日

| 购买方信息 | 名称：上海第二商厦 统一社会信用代码/纳税人识别号：310227582251499 | 销售方信息 | 名称：上海创建精细化工有限公司 统一社会信用代码/纳税人识别号：310227740596533 |

| 项目名称 | 规格型号 | 单位 | 数量 | 单价 | 金额 | 税率/征收率 | 税额 |
| --- | --- | --- | --- | --- | --- | --- | --- |
| *销售货物* | A产品 | 件 | 200 | 360 | 72000.00 | 13% | 9360.00 |
| 合　计 | | | | | ¥72000.00 | | ¥9360.00 |

| 价税合计（大写） | ⊗ 捌万壹仟叁佰陆拾圆整 | （小写）¥81360.00 |

备注：购方开户银行：上海市分行虹口支行四平分理处；　银行账号：1001171600200009118；
销方开户银行：上海市分行静安区支行；　银行账号：1001003602020002912；

开票人：

图4-46　增值税专用发票

(13) 取得运输发票（见图 4-47）。

## 电子发票（增值税专用发票）

发票号码：
开票日期：2024年12月20日

| 购买方信息 | 名称：上海创建精细化工有限公司 | | | | | | | |
|---|---|---|---|---|---|---|---|---|
| | 统一社会信用代码/纳税人识别号：310227740596533 | | | | | | | |
| 销售方信息 | 名称：顺吉搬运公司 | | | | | | | |
| | 统一社会信用代码/纳税人识别号：310106184538988 | | | | | | | |

| 项目名称 | 规格型号 | 单位 | 数量 | 单价 | 金额 | 税率/征收率 | 税额 |
|---|---|---|---|---|---|---|---|
| *运输服务*服务 | | | | | 94.34 | 6% | 5.66 |
| 合计 | | | | | ¥94.34 | | ¥5.66 |

| 价税合计（大写） | ⊗壹佰圆整 | （小写）¥100.00 |
|---|---|---|

备注：购方开户银行：上海市分行静安区支行； 银行账号：1001003602020002912；
销方开户银行：-； 银行账号：-；
搬运费，北京西路至四平路，上海第二商厦

开票人：

下载次数：1

图 4-47 增值税专用发票

（三）要求

根据销售业务原始凭证编制记账凭证。

习题七

（一）目的

练习企业费用的核算。

（二）资料

某企业2024年7月发生经济业务如下：

1. 结算本月管理人员工资8 000元，其中管理部门人员工资为3 000元，车间管理人员工资为5 000元。

2. 按本月管理人员工资比例计提职工福利费1 120元。其中，管理部门人员420元，车间管理人员700元。

3. 计提本月固定资产折旧费1 400元，其中车间固定资产折旧费800元，管理部门固定资产折旧费600元。

4. 以银行存款支付车间文具用品费1 200元。

5. 以现金支付机动车修理费400元。

6. 按税法规定，以现金支付车船使用税300元。

7. 以现金支付下半年度书报费480元。

8. 以银行存款支付产品广告费1 500元。

9. 以银行存款支付借款利息900元。

10. 以银行存款支付产品销售过程中发生的运输费600元，以现金支付包装费100元。

11. 以现金支付退休人员退休金1 200元。

12. 厂部管理人员出差回来报销差旅费960元，原预支1 000元，余款以现金归还。

13. 以银行存款支付水电费2 400元，其中车间用1 900元，办公室用500元。

14. 以银行存款支付房租3 000元，其中办公用房租金1 000元，车间生产用房租金2 000元。

（三）要求

根据上列各项经济业务编制会计分录。

习题八

（一）目的

模拟企业其他经济业务的核算。

（二）资料

1. 2024年12月创建化工公司发生以下经济业务：

（1）4日，签发支票#729672缴纳上月未交税金51 300元。

（2）8日，购入货运车一辆，价值140 000元，签发支票#729673支付。

（3）17日，签发支票#729681，提取备用金2 000元。

（4）17日，向伊势丹百货公司购买办公用品660元，取得发票，签发支票#729682支付。

（5）17日，签发支票#729683，归还银行临时借款60 000元。

（6）22日，办公室管理人员王海出差回来报销差旅费2 580元，前借支3 000元，余款交回现金。

（7）23日，经公司领导批准，报废旧机器一台，根据固定资产报废批准报告，转入清理，旧机器原值32 000元，已提折旧28 800元。

（8）23日，报废机器清理人工费600元，签发支票#729687支付武宁街道服务社。

（9）23日，旧机器清理残料出售，收到虹口贸易公司4 040元，支票送存银行。

（10）23日，旧机器清理净收入240元转入营业外收入。

（11）24日，签发银行#729688支票76 000元，提取现金准备发放职工工资。

（12）24日，以现金76 000元发放职工工资，编制职工工资结算汇总表。

（13）30日，签发银行支票#729689支付第一人民医院职工医药费10 640元。

（14）30日，签发支票#729690支付本月电费9 540元，其中：车间用电7 940元，管理部门用电1 600元。

（15）30日，签发支票#729691支付本月水费760元，其中：车间用水440元，管理部门用水320元。

（16）31日，收到银行转账单，支付借款利息3 200元。

2. 根据上列经济业务所取得或填制的原始凭证。

（1）填制税金缴款单和银行转账支票（见图4-48、图4-49）。

## 税务局通用缴款书

收款国库：_____                               税别：_____
经济类型：_____
填表日期：2024 年 11 月 30 日

| 纳税人名称 | | 上海创建精细化工有限公司 | | 预算级次 | | | | | | | | | | |
|---|---|---|---|---|---|---|---|---|---|---|---|---|---|---|
| 开户银行 | | 上海市工行静安支行 | | 税款所属时间 | | | | | | | | | | |
| 账　　号 | | 1001003602020002912 | | 缴款限期 | | | | | | | | | | |
| 税目或类别名称 | 计税依据 | 税率或征收率 | 应征税额 | 扣除已交税额 | 减免或抵免税额 | 实缴金额 | | | | | | | | |
| | | | | | | 千 | 百 | 十 | 万 | 千 | 百 | 十 | 元 | 角 | 分 |
| 增值税 | 销售额 | 13% | 49 312.74 | / | / | | | 4 | 9 | 3 | 1 | 2 | 7 | 4 |
| | | | | | | | | | | | | | | |
| 税款小计 | | | | | | | | 4 | 9 | 3 | 1 | 2 | 7 | 4 |
| 城市维护建设税 1% | | | | | | | | | | 4 | 9 | 3 | 1 | 0 |
| 教育费附加 3% | | | | | | | | | 1 | 4 | 9 | 4 | 1 | 6 |
| | | | | | | | | | | | | | | |
| 滞纳金 | 逾期　天，每天按税款合计加收　% | | | | | | | | | | | | | |
| 合计人民币（大写）伍万壹仟叁佰元整 | | | | | ¥ | | 5 | 1 | 3 | 0 | 0 | 0 | 0 |
| 税务机关（盖章）填发人： | | 上列款项已收妥并划转收款单位账户　　国库（银行）盖章　　　　　　　　　　　年　月　日 | | | | 备注 | | | | | | | | |

图 4-48　税务局通用缴款书

---

中国工商银行　上海市分行

支票号码 B M / 0 2 　00729672

附加信息

出票日期：2024 年 12 月 4 日
收款人：静安区税务局
金　额：51 300 元
用　途：缴纳税金
单位主管：张耀华　　会计：洪光

本支票付款期限十天

---

中国工商银行　上海市分行　支票

支票号码 B M / 0 2 　00729672

出票日期(大写) 贰零贰肆年壹拾贰月零肆日　　付款行名称：静安区支行
收款人：上海市静安区税务局　　　　　　　　出票人账号：1001003602020002912

| 人民币（大写） | 伍万壹仟叁佰元整 | 千 | 百 | 十 | 万 | 千 | 百 | 十 | 元 | 角 | 分 |
|---|---|---|---|---|---|---|---|---|---|---|---|
| | | | | ¥ | 5 | 1 | 3 | 0 | 0 | 0 | 0 |

用途　缴税

上列款项请从
我账户内支付

财务专用章　上海创建精细化工有限公司　华张章耀

出票人签章

复核：　　记账：　　验印：

图 4-49　支票

（2）取得汽车销售发票（见图4-50），填制验收单（见图4-51）和银行转账支票（见图4-52）。

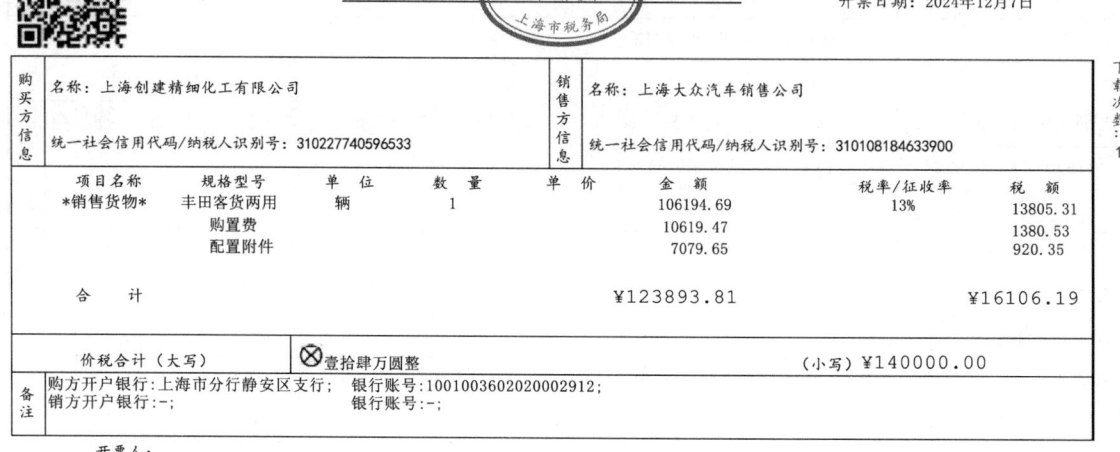

图4-50 增值税专用发票

## 固定资产验收单

2024年12月8日　　　　　　　　　　　　　　　　　　　　　编号：

| 名　称 | 规格型号 | 来　源 | 数　量 | 购（造）价 | 使用年限 | 预计残值 |
|---|---|---|---|---|---|---|
| 车　辆 | 丰田客货车 | 购　入 | 1 | 140 000.00 | 10 年 | 1 400.00 |
| 安装费 | 月折旧率 | 建筑单位 | 交工日期 | | 附　件 | |
| | 0.0083 | | 年　月　日 | | | |
| 验收部门 | 销售部 | 验收人员 | 张　华 | 管理部门 | 销售部 | 管理人员　王力 |
| 备　注 | | | | | | |

图4-51 固定资产验收单

图 4-52 支票

（3）提取备用金，填制现金支票（见图4-53）。

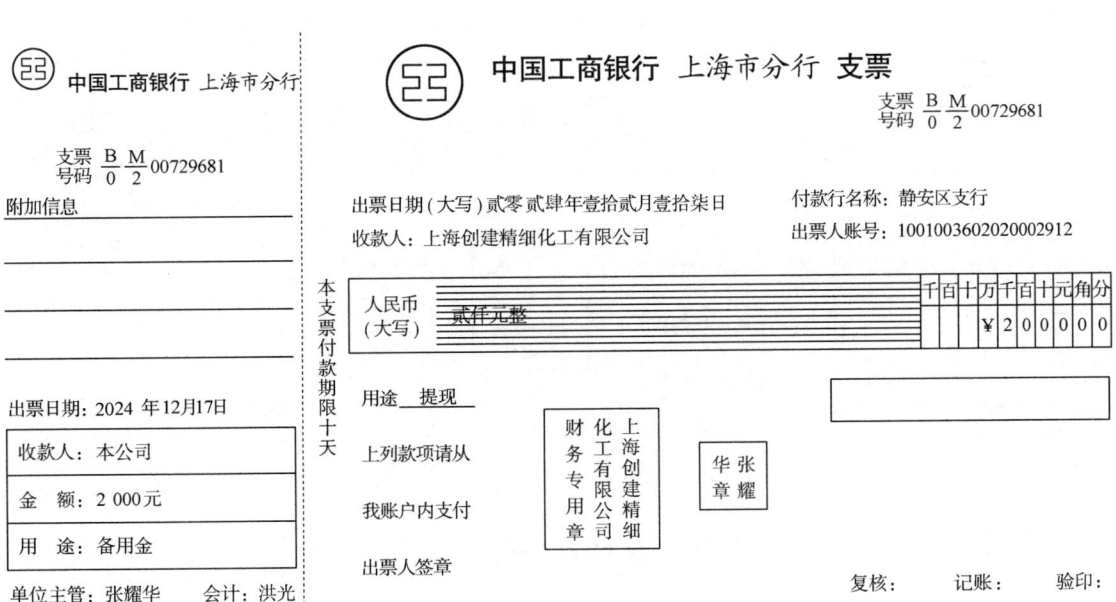

图 4-53 支票

（4）取得购物发票（见图4-54），填制转账支票（见图4-55）。

## 电子发票（增值税专用发票）

发票号码：13100852310800113880
开票日期：2024年12月16日
下载次数：1

| 购买方信息 | 名称：上海创建精细化工有限公司 | | | | | | | |
|---|---|---|---|---|---|---|---|---|
| | 统一社会信用代码/纳税人识别号：310227740596533 | | | | | | | |
| 销售方信息 | 名称：上海伊势丹百货有限公司 | | | | | | | |
| | 统一社会信用代码/纳税人识别号：310106607369498 | | | | | | | |
| 项目名称 | 规格型号 | 单位 | 数量 | 单价 | 金额 | 税率/征收率 | 税额 | |
| *销售货物* | 文具用品 | | | | 584.07 | 13% | 75.93 | |
| 合　计 | | | | | ¥584.07 | | ¥75.93 | |
| 价税合计（大写） | ⊗陆佰陆拾圆整 | | | | （小写）¥660.00 | | | |
| 备注 | 购方开户银行：上海市分行静安区支行；　银行账号：1001003602020002912；<br>销方开户银行：-；　银行账号：-； | | | | | | | |

开票人：

图4-54　增值税专用发票

中国工商银行　上海市分行

支票号码 B/0 M/2 00729682

附加信息

出票日期：2024 年12月17日

收款人：上海伊势丹百货有限公司

金　额：660元

用　途：购文具用品

单位主管：张耀华　　会计：洪光

中国工商银行　上海市分行　支票

支票号码 B/0 M/2 00729682

出票日期(大写)贰零贰肆年壹拾贰月壹拾柒日
收款人：上海伊势丹百货有限公司

付款行名称：静安区支行
出票人账号：1001003602020002912

人民币（大写）陆佰陆拾元整　　¥66000

本支票付款期限十天

用途　购物
上列款项请从
我账户内支付
出票人签章

财务专用章：上海创建精细化工有限公司
华张耀章耀

复核：　　记账：　　验印：

图4-55　支票

（5）取得收款回单（见图4-56），填制转账支票（见图4-57）。

### 中国工商银行收款回单
2024 年 12 月 17 日

| 付款单位 | 上海创建精细化工有限公司 | |
|---|---|---|
| 开户银行 | 上海市工商银行静安区支行 | |
| 账　号 | 1001003602020002912 | 回单联 |
| 付款原因 | 归还借款 | |
| 金　额 | 人民币（大写）陆万元整　　￥60 000.00 | |
| 备　注 | （中国工商银行上海市分行静安区支行 收款章） | |
| 单位主管： | 会计：　　复核：　　记账： | |

图 4-56　银行收款回单

中国工商银行 上海市分行

支票号码 BM/0 2 00729683

附加信息

出票日期：2024 年 12 月 17 日

收款人：市工商银行静安支行

金　额：60 000 元

用　途：归还借款

单位主管：张耀华　会计：洪光

---

中国工商银行 上海市分行 支票

支票号码 BM/0 2 00729683

出票日期(大写) 贰零贰肆年壹拾贰月壹拾柒日　　付款行名称：静安区支行

收款人：中国工商银行上海市分行静安区支行　　出票人账号：1001003602020002912

人民币（大写）　陆万元整　　　　￥60 000 00

| 千 | 百 | 十 | 万 | 千 | 百 | 十 | 元 | 角 | 分 |
|---|---|---|---|---|---|---|---|---|---|
| | | | ￥6 | 0 | 0 | 0 | 0 | 0 | 0 |

用途　还贷款

上列款项请从我账户内支付

出票人签章：（上海创建精细化工有限公司 财务专用章）（张耀华）

本支票付款期限十天

复核：　　记账：　　验印：

图 4-57　支票

（6）填制差旅费报销单（见图4-58），填制现金收据（见图4-59）。

**差旅费报销单**

姓名：王 海　　　　　　　　　职别：业务员　　　　　　　　2024年12月22日

| 起　日 | | | 止　日 | | | 共计天数 | 起止或中途停留点 | 公出补助费 | | | 车　船　杂　支　费 | | | | | | | | 合计金额 |
|---|---|---|---|---|---|---|---|---|---|---|---|---|---|---|---|---|---|---|---|
| 年 | 月 | 日 | 年 | 月 | 日 | | | 天数 | 标准 | 金额 | 火车费 | 汽车费 | 船费 | 飞机费 | 住宿费 | 市内交通费 | 杂支 | 单据张数 | 金额 | |
| 2024 | 12 | 2 | 2024 | 12 | 5 | 4 | | 4 | | 240 | | | | 1 780 | 480 | 60 | 20 | 18 | 2 340 | 2 580 |
| | | | | | | | | | | | | | | | | | | | | |
| | | | | | | | | | | | | | | | | | | | | |
| | | | | | | | | | | | | | | | | | | | | |
| 合计人民币（大写）贰仟伍佰捌拾元整 | | | | | | | | | | | | | | | | | | | | |
| 原借差旅费3 000元　　报销2 580元　　剩余交回420元 | | | | | | | | | | | | | | | | | | | | |
| 出差事由 | | | | | | | | | | | | | | | | | | | | |

主管：　　　　　　　　会计：　　　　　　　出差人员签名或盖章：王　海

图4-58　差旅费报销单

**收　据**

2024年12月22日　　　　　　　　　　　　　　　　　　　　　　　　　　No. 008

| 收款单位 | 上海创建精细化工有限公司 | |
|---|---|---|
| 付款单位（人） | 王海 | |
| 事　由 | 差旅费借支多余款 | |
| 余　额 | ￥420.00<br>人民币肆佰贰拾元整 | 现金收讫专用章 |

财务主管：洪光　　　　　复核：罗林　　　　　收款：马军

图4-59　收据

（7）使用部门提出申请报废报告（图4-60）。

**机器报废申请报告**

兹因本车间有机器一台，使用已达10年，机件老化，功能丧失，已满使用年限，特申请报废清理。此呈经理室。

车间负责人：冯　兵
同意报废　张耀华
2024年12月24日

图4-60　机器报废申请报告

第四章 借贷记账法的运用

(8) 取得清理服务单位收据(见图4-61),填制现金支票(见图4-62)。

收　据

2024 年 12 月 23 日　　　　　　　　　　　　　　　　No. 0036

付款单位(人)　武定街道服务社　　　　　　　　　收款方式　支票

人民币(大写)陆佰元整　　　　　￥600.00

收款事由　清理机器人工费　　　　　　　　　　上海武定街道服务社
　　　　　　　　　　　　　　　　　　　　　　　　收款专用章

负责人:余　珍　　记账:　　复核:　　　　　　收款:王山、刘江

图 4-61　收据

中国工商银行 上海市分行

支票号码 B/0 M/2 00729687

附加信息

出票日期:2024 年12月23日
收款人:上海武定街道服务社
金　额:600元
用　途:清理费
单位主管:张耀华　会计:洪光

中国工商银行 上海市分行 支票

支票号码 B/0 M/2 00729687

出票日期(大写)贰零贰肆年壹拾贰月贰拾叁日　付款行名称:静安区支行
收款人:上海武定街道服务社　　　　　　　　　出票人账号:1001003602020002912

人民币(大写)　陆佰元整　　　　　　　　　千百十万千百十元角分
　　　　　　　　　　　　　　　　　　　　　　　　　　　￥60000

用途　清理费
上列款项请从　　　财务专用章　上海创建精细化工有限公司　张耀　华章
我账户内支付
出票人签章　　　　　　　　　　　　　　　复核:　　记账:　　验印:

图 4-62　支票

(9) 填制收款收据(见图4-63),填制银行进账单(见图4-64)。

收　据

2024 年 12 月 23 日　　　　　　　　　　　　　No. 00042

　　　　　　　　　　　　　　　　　　　　　　　　收款方式:支票

付款单位(人)　虹口贸易公司
金　　　额　人民币(大写)肆仟零肆拾元整　　￥4 040.00
收款事由　出售废料

　　　　　　　　　　　　　　上海创建精细化工
　　　　　　　　　　　　　　　有限公司
　　　　　　　　　　　　　　　收款专用章

存根联

单位负责人:张耀华　　会计:洪光　　记账:吴迪　　收款:马军

图 4-63　收据

## 中国建设银行进账单（回单或收款通知） 1

| 收款人 | 全 称 | 上海创建精细化工有限公司 | 付款人 | 全 称 | 虹口贸易公司 |
|---|---|---|---|---|---|
| | 账 号 | 1001003602020002912 | | 账 号 | 3100150830005600539 |
| | 开户银行 | 上海市工行静安支行 | | 开户银行 | 上海市建设银行静安支行 |

| 人民币大写 | 肆仟零肆拾元整 | 千 | 百 | 十 | 万 | 千 | 百 | 十 | 元 | 角 | 分 |
|---|---|---|---|---|---|---|---|---|---|---|---|
| | | | | | ¥ | 4 | 0 | 4 | 0 | 0 | 0 |

| 票据种类 | 支 票 |
|---|---|
| 票据张数 | 壹 张 |

（盖章：中国工商银行上海市分行静安区支行 2024.12.23 收款专用章）

单位主管： 会计： 复核： 记账： 收款人开户银行盖章

图 4-64 银行进账单

（10）填制固定资产清理表（见表 4-16），据以入账。

表 4-16                    固定资产清理计算表
                            2024 年 12 月 23 日                          单位：元

| 清理项目 | 原始价值 | 累计折旧 | 清理收支 | | | |
|---|---|---|---|---|---|---|
| | | | 残 值 | 清理费用 | 变价收入 | 净收入 |
| 机器设备 | 32 000 | 28 800 | 3 200 | 600 | 4 040 | 240 |

审核：罗 林          制表：林 苗

（11）填制现金支票（见图 4-65）。

中国工商银行 上海市分行

支票号码 B M 0 2 00729688

附加信息

出票日期：2024 年 12 月 24 日
收款人：本单位
金 额：76 000 元
用 途：提现发工资
单位主管：张耀华   会计：洪光

中国工商银行 上海市分行 支票

支票号码 B M 0 2 00729688

出票日期(大写) 贰零贰肆年壹拾贰月贰拾肆日    付款行名称：静安区支行
收款人：上海创建精细化工有限公司              出票人账号：1001003602020002912

| 人民币（大写） | 柒万陆仟元整 | 千 | 百 | 十 | 万 | 千 | 百 | 十 | 元 | 角 | 分 |
|---|---|---|---|---|---|---|---|---|---|---|---|
| | | | | ¥ | 7 | 6 | 0 | 0 | 0 | 0 | 0 |

用途 提现发工资
上列款项请从
我账户内支付
出票人签章   (财务专用章：上海创建精细化工有限公司 / 张耀华)

本支票付款期限十天

复核：   记账：   验印：

图 4-65 支票

（12）用现金发放工资，填制工资结算汇总表（见表4-17）。

**表4-17　　　　　　　　　　　职工工资结算汇总表**

2024年12月　　　　　　　　　　　　　　　　　　　　　　　　　　　　单位：元

| 部门 | | 基本工资 | 加班工资 | 补贴 | 应扣工资 | | 实发工资 |
|---|---|---|---|---|---|---|---|
| | | | | | 病假 | 事假 | |
| 生产车间 | A产品生产工人 | 18 000 | 1 600 | 1 400 | 800 | 200 | 20 000 |
| | B产品生产工人 | 27 000 | 2 400 | 2 000 | 1 000 | 400 | 30 000 |
| | 车间管理人员 | 9 000 | — | 1 000 | — | — | 10 000 |
| 行政管理人员 | | 15 000 | — | 1 800 | 800 | — | 16 000 |
| 合计 | | 69 000 | 4 000 | 6 200 | 2 600 | 600 | 76 000 |

单位负责人：张耀华　　　会计：洪光　　　复核：罗林　　　制表：林苗

（13）取得医院医药费收据（见图4-66、图4-67），填制转账支票（见图4-68）。

**第一人民医院门诊收费收据**

姓名：周宇　　　　　　　　　2024年12月25日　　　　　　　　　No. 443251

| 西　药 | 1 335 | 检　查 | 485 | 化　验 | 390 |
|---|---|---|---|---|---|
| 其中：自费药品 | | 治　疗 | 160 | 输　血 | |
| 中　药 | 700 | 放　射 | | 输　氧 | |
| 其中：自费药品 | | 手　术 | | 其　他 | |
| 合计人民币（大写）叁仟零柒拾元整 | | | | ¥3 070.00 | |

收费员：钱　君

**图4-66　收据**

**第一人民医院住院收费收据**

姓名：李英　　　　　　　　　2024年12月28日　　　　　　　　　No. 443252

| 西　药 | 790 | 检　查 | 285 | 化　验 | 205 |
|---|---|---|---|---|---|
| 其中：自费药品 | 250 | 治　疗 | 120 | 输　血 | 1 600 |
| 中　药 | 520 | 放　射 | | 输　氧 | |
| 其中：自费药品 | | 手　术 | 2 150 | 住院费 | 1 900 |
| 合计人民币（大写）柒仟伍佰柒拾元整 | | | | ¥7 570.00 | |

收费员：吴　好

**图4-67　收据**

## 88 基础会计习题集（第6版）

**支票存根（左）：**

中国工商银行 上海市分行

支票号码 B/0 M/2 00729689

附加信息 _____

出票日期：2024年12月30日

收款人：上海市第一人民医院

金　额：10 640元

用　途：职工医药费

单位主管：张耀华　　会计：洪光

本支票付款期限十天

**支票（右）：**

中国工商银行 上海市分行 支票

支票号码 B/0 M/2 00729689

出票日期（大写）贰零贰肆年壹拾贰月叁拾日

收款人：上海市第一人民医院

付款行名称：静安区支行

出票人账号：1001003602020002912

人民币（大写）壹万零陆佰肆拾元整　￥1 0 6 4 0 0 0

用途：医药费

上列款项请从我账户内支付

出票人签章：（财务专用章：上海创建精细化工有限公司）（华耀 张章）

复核：　　记账：　　验印：

图 4-68　支票

（14）取得电力公司电费收据（见图4-69），填制转账支票（见图4-70）。

**电费发票（发票联）：**

沪西武定　发票联

发票代码：131000550246
发票号码：32248028

供电分公司

工商注册号 3100001000335
税务登记号 310046132224671

本月抄表　　户号 0000208388
下月抄表　　户名 上海创建精细化工有限公司
邮政编码　　地址 北京西路515号
抄表员 钱莉萍　联系电话　　统分号 532082-078

| 上月抄见数 | 本月抄见数 | 倍率 | 用电量（千瓦时） | 单价（元） | 金额（元） |
|---|---|---|---|---|---|
| 34 568 | 50 208 | 1 | 15 640 | 0.61 | 9 540.40 |

（收讫盖章处）

| 本月电费金额 | 9 540.00 | 上月结转零头 | | 本月电费含地方附加捐 187 |
|---|---|---|---|---|
| 本月结转零头 | 0.40 | 本月应付电费 | 9 540.00 | |

本月应付电费大写：玖仟伍佰肆拾元整

备注　您上月账款 13 544.00 元已收到，感谢您对上海电力的一贯支持。

开票日期：2024.12.24　　最后付费日期：2024.12.30

**电费发票（存根联）：**

上海市电力公司电费发票 存根联

发票代码：131000550246
发票号码：32248028

沪西武定　　　　　　　　供电分公司

5350801310505230003 59903

户名
地址
统分号

| 本月抄见数 | 用电量（千瓦时） | 单价（元） | 金额（元） |
|---|---|---|---|
| 50 208 | 15 640 | 0.61 | 9 540.40 |

（收讫盖章处）

本月应付电费　￥9 540.00

本月应付电费大写金额　玖仟伍佰肆拾元整

备注

最后付费日期：2024.12.30　　户号 0131050523

图 4-69　电费收据

第四章　借贷记账法的运用

## 中国工商银行 上海市分行

支票号码 B M 0 2 00729690

附加信息

出票日期：2024年12月30日
收款人：上海市电力公司
金　额：9 540元
用　途：电费

单位主管：张耀华　　会计：洪光

## 中国工商银行 上海市分行 支票

支票号码 B M 0 2 00729690

出票日期(大写) 贰零贰肆年壹拾贰月叁拾日　　付款行名称：静安区支行
收款人：上海市电力公司　　　　　　　　　　出票人账号：1001003602020002912

人民币(大写) 玖仟伍佰肆拾元整　　　　　　￥９５４０００

用途　电费
上列款项请从
我账户内支付
出票人签章

财务专用章：上海创建精细化工有限公司
华耀　张章

复核：　　记账：　　验印：

图 4-70　支票

（15）取得自来水公司收据（见图 4-71），填制转账支票（见图 4-72）。

### 上海市自来水市南有限公司营业所　静25

发票联（国家税务总局 上海市税务局）

工商登记号：3100001006300
税务登记号：310101631656946

账号：230540
户名：上海创建精细化工有限公司
地址：北京西路515号
用水性质：

发票代码：131000512401
发票号码：01662261

册号：J1620
下次抄表
抄表员：王卫国

| | 本月抄见数 | 3 560 | 水量(M³) | 单价(元) | 金额(元) |
|---|---|---|---|---|---|
| 供水 | | | 399 | 1.03 | 410.97 |
| 排水 | 本年用水基数 0 | 基数内 | 387.8 | 0.90 | 349.03 |
| | 本年用水累计 0 | 基数外 | | | |
| 零头结欠 | 0.00 | 合　计 大写金额 | 柒佰陆拾元整 | | |
| 付款期限 | | | | | |
| 备注 | | | | | |

### 上海市自来水市南有限公司营业所　静25

水费发票（回执）

户号：230540　册号：J1620　2024年12月

本月应付金额(元)　￥760.00

备注：

收讫盖章处

（为避免票据交换差错和延误，请在本区银行、邮局内付款）

图 4-71　自来水公司收据

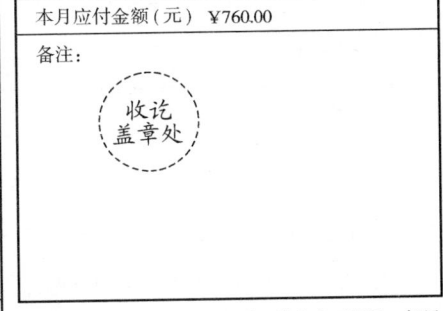

中国工商银行 上海市分行

支票号码 $\frac{B}{0}\frac{M}{2}$00729691

附加信息

出票日期：2024 年12月30日

| | |
|---|---|
| 收款人：上海市自来水公司 | |
| 金　额：760元 | |
| 用　途：水　费 | |

单位主管：张耀华　　会计：洪光

本支票付款期限十天

中国工商银行 上海市分行 支票

支票号码 $\frac{B}{0}\frac{M}{2}$00729691

出票日期（大写）贰零贰肆年壹拾贰月叁拾日　　付款行名称：静安区支行

收款人：上海市自来水公司　　出票人账号：1001003602020002912

| 人民币（大写） | 千 | 百 | 十 | 万 | 千 | 百 | 十 | 元 | 角 | 分 |
|---|---|---|---|---|---|---|---|---|---|---|
| 柒佰陆拾元整 | | | | | ¥ | 7 | 6 | 0 | 0 | 0 |

用途 水费

上列款项请从

我账户内支付

出票人签章

上海创建精细化工有限公司财务专用章

张耀华章

复核：　　记账：　　验印：

图 4－72　支票

（16）取得银行利息回单（见图 4－73）。

中国工商银行利息回单

2024 年 12 月 31 日

No. 3421

| 付款单位 | 账　　号 | 1001003602020002912 | 收款单位 | 账　　号 | 10010036020200001 |
|---|---|---|---|---|---|
| | 户　　名 | 上海创建精细化工有限公司 | | 户　　名 | 上海市分行静安支行 |
| | 开户银行 | 上海分行静安支行 | | 开户银行 | 上海市分行静安支行 |
| 利　　率 | | | | 利息 | ¥3 200.00 |
| 第四季度借款利息 | | | | | 银行盖章 |

图 4－73　利息回单

（三）要求

1. 根据上列原始凭证编制记账凭证。
2. 根据上列各项经济业务编制会计分录。

## 习题九

（一）目的

练习财务成果的核算。

（二）资料

1. 某企业 2024 年 11 月 30 日有关损益类账户总分类账的累计余额见表 4-18。

表 4-18

| 账户名称 | 借方累计余额 | 贷方累计余额 |
| --- | --- | --- |
| 主营业务收入 |  | 500 000 |
| 业务成本 | 375 000 |  |
| 营业税金及附加 | 30 000 |  |
| 销售费用 | 25 000 |  |
| 其他业务收入 |  | 6 000 |
| 其他业务成本 | 3 500 |  |
| 管理费用 | 3 000 |  |
| 财务费用 | 2 000 |  |
| 营业外收入 |  | 4 000 |
| 营业外支出 | 1 500 |  |

2. "利润分配"账户借方余额为 39 515 元。

3. 12 月发生以下收支经济业务：

（1）出售产品一批，售价为 56 500 元（含增值税 13%），货款收到存入银行。

（2）按出售产品的实际销售成本 32 000 元转账。

（3）按 5% 税率计算销售产品应缴纳的消费税税额为 5 000 元。

（4）以现金支付产品销售过程中的运杂费、包装费 500 元。

（5）以银行存款支付管理部门办公经费 300 元。

（6）以银行存款支付银行借款利息 700 元。

（7）以银行存款支付违约罚金 500 元。

（8）没收甲公司逾期未还的包装物押金收入 300 元。

4. 计算、结转和分配利润。

（1）计算 1—12 月利润总额（不作会计分录）。

（2）将 1—12 月各损益账户累计余额转入"本年利润"账户。

（3）按利润总额的 25% 计算应缴纳的所得税税额。

（4）将全年实现的净利润自"本年利润"账户转入"利润分配"账户。

（5）按税后利润的 10% 计算应提取法定盈余公积金。

（6）按税后利润的 15% 计算应提取任意盈余公益金。

（7）按税后利润的 10% 计算登记应付给投资者利润。

（三）要求

1. 根据上列资料的各项经济业务内容编制会计分录。

2. 登记"本年利润"和"利润分配"总分类账。

习题十

（一）目的

模拟企业期末结账调整事项

（二）资料

1. 2024年12月企业发生以下调整事项：

（1）31日，结算和分配本月职工工资76 000元，编制职工工资汇总单，其中：生产工人工资50 000元（A产品工人工资20 000元，B产品工人工资30 000元），车间技术人员工资10 000元，行政管理部门人员工资16 000元。

（2）31日，按职工工资比例，分配职工医药费10 640元，编制职工医药费分配表。

（3）31日，编制固定资产折旧计算表，计提本月固定资产折旧费5 300元。其中：车间用固定资产折旧费为3 500元，行政管理部门固定资产折旧费为1 800元。

（4）31日，摊销本季应负担的房屋修理费3 920元。

（5）31日，计算和结转本月应交税金，增值税税额为82 450元，城市维护建设税1 649元，教育费附加2 473.5元，地方教育费附加1 649元。

（6）31日，结转已销产品生产成本计：A产品1 200件，每件为322.83元；B产品500件，每件为432.55元，编制产品生产成本计算表。

2. 上列结账调整事项的自制原始凭证。

（1）编制工资分配计算表（见表4-19）。

表4-19　　　　　　　　　　　　　职工工资分配表

2024年12月　　　　　　　　　　　　　　　　　　　　　　　　　　　单位：元

| 部　　门 | | 金　　额 |
|---|---|---|
| 生产车间 | A产品生产 | 20 000 |
| | B产品生产 | 30 000 |
| | 车间管理部门 | 10 000 |
| 行政管理部门 | | 16 000 |
| 工资合计 | | 76 000 |

审核：罗林　　　　　　　制表：林苗

（2）填制职工医药费分配表（见表4-20）。

表4-20　　　　　　　　　　　　　职工福利费计算表

2024年12月　　　　　　　　　　　　　　　　　　　　　　　　　　　单位：元

| 部　　门 | | 工资总额 | 分配比例 | 分配金额 | 备　　注 |
|---|---|---|---|---|---|
| 生产车间 | A产品生产工人 | 20 000 | 14% | 2 800 | |
| | B产品生产工人 | 30 000 | 14% | 4 200 | |
| | 管理人员 | 10 000 | 14% | 1 400 | |
| 行政管理人员 | | 16 000 | 14% | 2 240 | |
| 合　　计 | | 76 000 | 14% | 10 640 | |

会计主管：洪光　　　　　记账：吴迪　　　　　复核：罗林　　　　　制表：林苗

(3) 编制固定资产折旧表（见表 4-21）。

**表 4-21** 固定资产折旧计算表

2024 年 12 月    单位：元

| 使用部门 | 固定资产类别 | 固定资产原值 | 上月增加固定资产原值 | 上月减少固定资产原值 | 月折旧率 | 月折旧额 |
|---|---|---|---|---|---|---|
| 生产车间 | 机器设备 | 420 000 | — | — | 0.8333% | 3 500 |
| 管理部门 | 运输设备 | 150 000 | — | — | 0.8333% | 1 250 |
| | 办公设备 | 66 000 | — | — | 0.8333% | 550 |
| 合　计 | | 636 000 | | | 0.8333% | 5 300 |

会计主管：洪光　　　记账：吴迪　　　复核：罗林　　　制表：林苗

(4) 编制长期待摊费用分摊表（见表 4-22）。

**表 4-22** 长期待摊费用分摊表

2024 年 12 月 31 日    单位：元

| 项　目 | 发生额 | 分摊期 | 已摊销额 | 本期摊销额 | 未摊销额 |
|---|---|---|---|---|---|
| 房屋修理费 | 31 360 | 两年 | 11 760 | 3 920 | 15 680 |
| | | | | | |
| | | | | | |

复核：林苗　　　制表：罗林

(5) 填制应交税费计算表（见表 4-23）。

**表 4-23** 应交税费计算表

2024 年 12 月    单位：元

| 税　种 | 计税依据 | | 适用税率 | 应交税金 |
|---|---|---|---|---|
| | 应税项目 | 应税金额 | | |
| 增值税 | 销售额 | 634 231 | 13% | 82 450.00 |
| 城建税 | 增值税 | 82 450 | 2% | 1 649.00 |
| 教育费附加 | 增值税 | 82 450 | 3% | 2 473.50 |
| 地方教育费附加 | 增值税 | 82 450 | 2% | 1 649.00 |
| | $\begin{pmatrix}销项税\ 114\ 240\\进项税\ \ \ 31\ 790\end{pmatrix}$ | | 合　计 | 88 221.50 |

审核：罗林　　　制表：林苗

(6) 填制已销产品成本计算表（见表4-24）。

表4-24　　　　　　　　　　　　已销产品成本计算表
2024年12月

| 产品名称 | 单位 | 月初结存 | | 本月入库 | | 本月销售 | |
|---|---|---|---|---|---|---|---|
| | | 数量 | 总成本 | 数量 | 总成本 | 数量 | 总成本 |
| A产品 | 件 | 800 | 258 264.00 | 300 | 96 850.00 | 1 200 | 387 396.00 |
| B产品 | 件 | 600 | 259 530.00 | 400 | 173 020.00 | 500 | 216 275.00 |
| 合　计 | | | | | | 1 700 | ￥603 671.00 |

主管：冯兵　　　　　　　　　　　审核：冯兵　　　　　　　　　　　制表：刘明

（三）要求

根据上列原始凭证编制记账凭证。

# 习题十一

（一）目的

模拟企业财务成果核算。

（二）资料

1．2024年12月企业发生财务成果结算事项如下：

（1）31日，结转本月各项损益账户，计算本月利润总额。

（2）31日，按年度利润总额计算应交所得税（税率为25%）。

（3）31日，将所得税账户余额转入"本年利润"账户。

（4）31日，将"本年利润"账户的税后利润转入"利润分配"账户。

（5）31日，按税后利润10%提取法定盈余公积，按5%计提任意公积。

（6）31日，从税后利润中提取100 000元，分配给投资人。

（7）31日，结转本年已分配利润，余额转入"利润分配——未分配利润"。

2．2024年1—11月累计利润290 321元。

3．上列结算事项的自制原始凭证。

（1）编制利润计算表（见表4-25）。

表4-25　　　　　　　　　　利润计算表（简表）

2024年度　　　　　　　　　　　　　　　　　　　　　　　　　单位：元

| 项　目 | 1—11月 | 12月 | 年　度 |
|---|---|---|---|
| 一、营业收入 | 7 396 000 | 672 000 | 8 068 000 |
| 减：营业成本 | 6 640 380 | 603 671 | 7 244 051 |
| 　　税金及附加 | 84 899 | 88 221.50 | 173 120.50 |
| 　　销售费用 | 41 160 | 3 660 | 44 820 |
| 　　管理费用 | 321 640 | 29 240 | 350 880 |
| 　　财务费用 | 17 600 | 1 600 | 19 200 |
| 加：投资收益（损失以"-"号填列） | | | |
| 二、营业利润（亏损以"-"号填列） | 290 321 | -54 392.50 | 235 928.50 |
| 加：营业外收入 | — | 240 | 240 |
| 减：营业外支出 | — | | |
| 三、利润总额（亏损总额以"-"号填列） | 290 321 | -54 152.50 | 236 168.50 |
| 减：所得税费用 | — | — | 59 042.13 |
| 四、净利润（净亏损以"-"号填列） | 290 321 | -54 152.50 | 177 126.37 |

注：补充资料略。

企业负责人：　　　　　　　会计主管：　　　　　　　复核：罗林　　　　　　　制表：林苗

（2）、（3）题结转所得税费用编制所得税费用计算表（见表4-26）。

表 4-26　　　　　　　　　　　应交所得税计算表

2024 年 12 月　　　　　　　　　　　　　　　　　　　　　单位：元

| 项　目 | 年度会计利润 | 纳税调整 | 应交税所得额 | 税　率 | 应交所得税额 |
|---|---|---|---|---|---|
| 金　额 | 236 168.50 | — | 236 168.50 | 25% | 59 042.13 |

审核：罗林　　　　　　　　　　　　　制表：林苗

（4）结转本年利润（转账，无原始凭证）。

（5）编制盈余公积计算表（见表 4-27）。

表 4-27　　　　　　　　　　　盈余公积计算表

2024 年 12 月 31 日　　　　　　　　　　　　　　　　　　单位：元

| 项　目 | 计提率（%） | 金　额 | 备　注 |
|---|---|---|---|
| 净利润 | — | 177 126.37 | |
| 法定盈余公积 | 10 | 17 712.64 | |
| 任意盈余公积 | 5 | 8 856.32 | |

审核：罗林　　　　　　　　　　　　　制表：林苗

（6）编制应付股利计算表（见表 4-28）。

表 4-28　　　　　　　　　　　投资者利润分配表

2024 年 12 月 31 日　　　　　　　　　　　　　　　　　　单位：元

| 投资者姓名 | 股利分配数 | 分配比例 | 分配金额 | 备　注 |
|---|---|---|---|---|
| 张耀华 | 100 000 | 60% | 60 000 | |
| 朱天虹 | 100 000 | 40% | 40 000 | |

复核：林苗　　　　　　　　　　　　　制表：罗林

（7）编制利润分配计算表（见表 4-29）。

表 4-29　　　　　　　　　　　利润分配计算表

2024 年 12 月 31 日　　　　　　　　　　　　　　　　　　单位：元

| 项　目 | 金　额 |
|---|---|
| 一、本年净利润 | 177 126.37 |
| 减：提取法定盈余公积 | 17 712.64 |
| 提取任意盈余公积 | 8 856.32 |
| 二、可供投资者分配利润 | 150 557.41 |
| 减：向投资者分配利润 | 100 000.00 |
| 三、未分配利润 | 50 557.41 |

审核：罗林　　　　　　　　　　　　　制表：林苗

（三）要求

1. 根据上列原始凭证编制记账凭证。
2. 登记"本年利润"总分类账。

习题十二

（一）目的

练习资金投入和退出企业的核算。

（二）资料

某企业2024年7月发生资金投入和退出的各项经济业务如下：

1. 收到国家投入资金400 000元存入银行。

2. 接受A单位投入生产设备一台，原值为200 000元，已提折旧50 000元。

3. 向银行借入临时借款50 000元，存入银行，借款期为三个月。

4. 因建造厂房向银行借入500 000元购买建筑材料投入工程。

5. 临时借款50 000元到期，以银行存款归还。

6. 将闲置的一辆运输汽车向B单位投资，该汽车原值为150 000元，已提折旧30 000元。双方协商确认120 000元。

7. 出售不需用机器一台，双方议价为20 000元。该机器原值为30 000元，已提折旧10 000元，价款已收到，存入银行。

8. 以银行存款支付劳保医院职工医药费计3 000元。

（三）要求

按上列经济业务编制会计分录。

习题十三

（一）目的

练习企业主要经营过程的核算。

（二）资料

某企业 2024 年 3 月发生有关业务（购进、销售价款均含增值税 13%）如下：

1. 销售产品一批，计 1 130 000 元，货款已收，存入银行。

2. 购入材料一批，计 226 000 元，运费 1 000 元，以银行存款支付，材料入库。

3. 向银行借入临时借款 100 000 元，存入银行。

4. 以银行存款支付到期应付票据 20 000 元，月息 0.6%，期限 3 个月。

5. 收到应收款项 80 000 元，存入银行。

6. 职工出差借支差旅费 5 000 元，以现金支付。

7. 以银行存款支付管理费用 25 500 元，销售费用 3 700 元。

8. 以银行存款支付借款利息 1 500 元。

9. 以银行存款支付全年保险费 3 600 元。

10. 结转本月产品销售成本 859 640 元。

11. 计算并缴纳产品消费税 9 000 元。

12. 将本月各项收支账户余额转入"本年利润"账户。

13. 按利润总额计算和结转应交所得税（税率为 25%）并将"所得税费用"账户余额转入"本年利润"账户。

14. 将税后净利润转入"利润分配"账户。

15. 按本月利润净额 10% 提取盈余公积。

（三）要求

编制会计分录。

# 第五章 成本计算

## 一、填空题

1. 费用按照一定对象进行_____即构成该对象的成本。
2. 产品制造成本项目一般分_____、_____和_____。
3. 企业在生产经营活动中发生的各种耗费，其中与生产和销售有关的_____就是费用。
4. 在生产过程中所发生的费用，按各种产品进行归集后即构成各该产品的_____。
5. 凡能直接计入各种材料或产品的费用，称为_____。
6. 费用的发生同几个成本对象有关的称为_____。
7. 对单件、小批量生产的产品一般按_____确定成本计算期。
8. _____的过程实际上是费用按一定对象进行归集和分配的过程。

## 二、单项选择题

1. 单件生产的产品成本应以_____作为成本计算期。
   A. 月度　　　　　　　　　　　B. 半年度
   C. 年度　　　　　　　　　　　D. 生产周期
2. 费用的发生同几个成本计算对象有关的是_____。
   A. 直接费用　　　　　　　　　B. 间接费用
   C. 期间费用　　　　　　　　　D. 成本费用
3. 在产品生产过程中发生的费用，其中直接与各该成本对象有关的为_____。
   A. 期间费用　　　　　　　　　B. 间接费用
   C. 直接费用　　　　　　　　　D. 成本费用
4. 一般企业选择按_____比例作为制造费用的分配标准。
   A. 生产工人工资　　　　　　　B. 生产工人工时
   C. 原材料成本　　　　　　　　D. 产成品成本
5. 某企业本期生产 A、B 两种产品，共发生制造费用 37 000 元，现以生产工人工资为分配标准，B 产品应分摊的制造费用为_____元（A 产品工人工资 28 000 元，B 产品工人工资 12 000 元）。

　　A. 18 500　　　　　　　　　　　B. 11 100
　　C. 12 000　　　　　　　　　　　D. 25 900

6. 某企业本期已销产品的制造成本为 55 500 元，销售费用为 4 500 元，销售税金及附加为 6 000 元，其产品销售成本应为_____元。

　　A. 61 500　　　　　　　　　　　B. 66 000
　　C. 60 000　　　　　　　　　　　D. 55 500

7. 某企业购入材料一批，计价 22 600 元，其中含进项增值税税额为 2 600 元，发生材料运输费 1 000 元，装卸费 150 元，采购人员工资 1 500 元，途中不合理损耗 200 元，该批材料的采购成本应为_____元。

　　A. 26 050　　　　　　　　　　　B. 24 550
　　C. 26 250　　　　　　　　　　　D. 21 150

8. 某企业在产品生产过程中发生原材料耗费 40 000 元，直接工人工资 8 000 元，车间管理人员工资 1 500 元，厂部管理人员工资 6 000 元，机器设备折旧、修理费 1 500 元。该产品生产成本应为_____元。

　　A. 57 000　　　　　　　　　　　B. 51 000
　　C. 49 500　　　　　　　　　　　D. 48 000

### 三、多项选择题

1. 材料采购成本项目应包括_____两项。
　　A. 挑选整理费　　　　　　　　　B. 材料买价
　　C. 采购人员工资　　　　　　　　D. 途中损耗
　　E. 采购费用　　　　　　　　　　F. 采购机构经费

2. 下列各项费用属于采购费用的有_____。
　　A. 运杂费　　　　　　　　　　　B. 途中合理损耗
　　C. 采购人员工资　　　　　　　　D. 入库前挑选整理费
　　E. 采购机构经费　　　　　　　　F. 购入材料税金

3. 为保证产品成本计算正确，各单位应设置_____明细分类账。
　　A. 产品成本　　　　　　　　　　B. 库存商品
　　C. 外购商品　　　　　　　　　　D. 制造费用
　　E. 管理费用　　　　　　　　　　F. 销售费用

4. 下列各项费用中属于材料采购运杂费范围的有_____。
　　A. 运输费　　　　　　　　　　　B. 仓储费
　　C. 包装费　　　　　　　　　　　D. 装卸费
　　E. 途中合理损耗　　　　　　　　F. 挑选整理费

5. 下列各项目中属于直接材料成本内容的有_____。
　　A. 辅助材料　　　　　　　　　　B. 包装物
　　C. 动力　　　　　　　　　　　　D. 仓储费
　　E. 保险费　　　　　　　　　　　F. 设备配件

6. 下列各项费用属于制造费用范围的是_____。
   A. 生产设备折旧费　　　　　　B. 生产机器修理费
   C. 劳动保护费　　　　　　　　D. 生产工人工资
   E. 车间管理人员工资　　　　　F. 仓储费
7. 下列项目中属于产品制造成本项目的是_____。
   A. 材料采购费用　　　　　　　B. 直接材料
   C. 销售费用　　　　　　　　　D. 制造费用
   E. 管理费用　　　　　　　　　F. 直接人工
8. 直接人工包括生产工人的_____。
   A. 工资　　　　　　　　　　　B. 奖金
   C. 补贴　　　　　　　　　　　D. 培训费
   E. 差旅费　　　　　　　　　　F. 职工福利费

### 四、判断并改错题

1. 成本是按一定会计期间汇集的资金耗费。　　　　　　　　　　　　（　　）
2. 间接费用应按一定的分配标准直接计入产品制造成本。　　　　　　（　　）
3. 产品销售成本由已销产品的生产成本加上销售费用和销售税金直接构成。（　　）
4. 在进行成本计算时，首先要确定成本计算对象。　　　　　　　　　（　　）
5. 凡是由本期产品成本负担的费用，应按实际支付数全部计入本期成本。（　　）
6. 凡是不能直接计入各种材料的间接费用，应按一定标准在有关材料之间进行分配。
   　　　　　　　　　　　　　　　　　　　　　　　　　　　　　　（　　）
7. 因销售产品而发生的费用，应计入销售成本内。　　　　　　　　　（　　）
8. 成本是以产品为对象进行归集的资金耗费。　　　　　　　　　　　（　　）

### 五、名词解释

1. 成本计算

2. 生产费用

3. 制造成本

4. 直接费用

5. 间接费用

6. 制造费用

六、简答题

1. 什么是成本计算对象？

2. 成本计算的基本要求是什么？

3. 试述成本计算的程序。

4. 构成材料采购成本项目的主要内容是什么？

5. 构成产品制造成本的项目有哪几项？

6. 构成产品销售成本的主要内容是什么？

七、论述题

1. 为什么费用与成本两者不同？有何区别？

2. 为什么企业的支出不能全部计入成本？

## 八、业务计算题

**习题一**

（一）目的

练习材料采购成本的计算。

（二）资料

企业购入甲、乙、丙三种材料，甲材料 9 000 千克，买价 4 800 元；乙材料 5 000 千克，买价 6 000 元；丙材料 6 000 千克，买价 3 000 元。共发生运费 4 000 元。

（三）要求

1. 列出运费和装卸费按材料重量比例分配的算式。
2. 根据上列材料采购经济业务，计算甲、乙两种材料的采购成本。

**习题二**

（一）目的

练习产品制造成本的计算。

（二）资料

详见教材第四章业务计算题习题三资料第 1—7 笔经济业务。

（三）要求

1. 列出制造费用按生产工人工资比例摊配的算式。
2. 根据上列经济业务计算 A、B 两种产品的生产成本。
3. 编制"产品生产成本计算表"格式见表 5 - 1。

表 5 - 1    产品生产成本计算表    金额单位：元

| 成本项目 | A 产品 | | B 产品 | |
|---|---|---|---|---|
| | 总成本（100 件） | 单位成本 | 总成本（80 件） | 单位成本 |
| 直接材料 | | | | |
| 直接人工 | | | | |
| 制造费用 | | | | |
| 产品生产成本 | | | | |

习题三

(一) 目的

练习产品销售成本的计算。

(二) 资料

新元公司生产甲、乙两种产品,甲产品期初在产品成本为 72 550 元,本月发生材料费为 146 000 元,生产工人工资为 67 500 元,月末在产品成本为 25 000 元,完工产品数量 1 000 件;乙产品没有期初在产品,本月发生的材料费为 84 528 元,生产工人工资为 44 800 元,月末没有在产品,完工产品数量 500 件。本月共发生制造费用 336 900 元(制造费用按生产工人工资比例分配)。

(三) 要求

(1) 制造费用分配率。

(2) 甲产品应分配的制造费用。

(3) 乙产品应分配的制造费用。

(4) 甲产品完工产品总成本。

(5) 甲产品完工产品单位成本。

(6) 乙产品完工产品总成本。

(7) 乙产品完工产品单位成本。

习题四

（一）目的

综合练习企业主要经营过程核算和成本计算。

（二）资料

1. 某企业 2024 年 11 月 30 日各总分类账户余额及有关账户明细资料见表 5－2。

表 5－2                                                                                               金额单位：元

| 账户名称 | 借方余额 | 账户名称 | 贷方余额 |
|---|---|---|---|
| 库存现金 | 1 300 | 短期借款 | 42 900 |
| 银行存款 | 139 200 | 应付账款 | 1 000 |
| 应收账款 | 3 000 | 其他应付款 | 800 |
| 原 材 料 | 125 000 | 应交税费 | 1 000 |
| 库存商品 | 164 000 | 实收资本 | 1 000 000 |
| 固定资产 | 882 000 | 盈余公积 | 14 000 |
|  |  | 利润分配 | 100 200 |
|  |  | 累计折旧 | 154 600 |
| 合　　计 | 1 314 500 | 合　　计 | 1 314 500 |

"库存商品"账户余额为 164 000 元，其中：

A 产品 4 000 件，单价为 20 元，计 80 000 元；

B 产品 7 000 件，单价为 10 元，计 70 000 元；

C 产品 1 000 件，单价为 14 元，计 14 000 元。

"应收账款"账户余额 3 000 元系新华厂欠款。

"应付账款"账户余额 1 000 元系欠八一厂货款。

2. 本年 12 月发生下列经济业务：

(1) 仓库发出材料 40 000 元，用于生产 A 产品 21 900 元，B 产品 18 100 元。

(2) 仓库发出辅助材料 2 000 元，供车间使用。

(3) 从银行存款中提取现金 30 000 元。

(4) 以现金支付职工工资 24 000 元，福利费为 3 360 元。

(5) 向光明厂购入甲材料 15 820 元（含增值税 13%），该厂垫付运杂费 1 000 元，货款以银行存款支付。材料已验收入库，按其实际采购成本转账。

(6) 向八一厂购入乙材料 45 200 元（含增值税 13%）。货款以商业承兑汇票结算。材料已到达并验收入库。

(7) 以现金支付上述购入材料的搬运费 600 元，并按其实际采购成本转账。

(8) 收到新华厂还来欠款 3 000 元存入银行。

(9) 以银行存款支付上月应交税金 1 000 元。

(10) 结转本月职工工资，分配如下：

| | |
|---|---|
| A 产品生产工人工资 | 10 000 元 |
| B 产品生产工人工资 | 10 000 元 |
| 车间职工工资 | 3 000 元 |

| 管理部门职工工资 | 1 000 元 |
| 合计 | 24 000 元 |

（11）结转本月职工福利费 3 360 元，并按职工工资比例进行分配。

| 其中：A 产品生产工人 | 1 400 |
| B 产品生产工人 | 1 400 |
| 车间职工 | 420 |
| 管理部门职工 | 140 |

（12）计提本月固定资产折旧 3 160 元，其中车间使用固定资产折旧 2 380 元，管理部门用固定资产折旧 780 元。

（13）支付车间办公用品费用 1 400 元。

（14）将制造费用按生产工人工资比例摊配到 A、B 两种产品成本中。

（15）A 产品已全部完成，共 2 000 件，按其实际生产成本转账。

（16）出售产成品给新华厂，计 A 产品 1 800 件，每件售价 28 元，B 产品 4 400 件，每件售价 14 元，共计售价 126 560 元（含增值税 13%），货款尚未收到。

（17）结转上述出售产成品生产成本，计 A 产品每件 20 元，B 产品每件 10 元，共计 80 000元。

（18）用现金支付销售产品包装费、装卸费等销售费用 1 100 元。

（19）以银行存款支付临时借款利息 5 000 元。

（20）以银行存款支付办公费用 1 200 元。

（21）按售价计算应交已售产品的消费税金 5 600 元。

（22）由于自然灾害使辅助材料损坏 300 千克，价值 1 120 元，经上级批准，作非常损失处理。

（23）固定资产清理收入现金 300 元。

（24）出售多余材料 2 260 元（含增值税 13%），价款存入银行。同时结转该材料的实际成本 1 500 元。

（25）将 12 月份各损益账户余额转至本年利润账户，结出 12 月份利润。

（26）按全年利润总额的 25% 计算应交所得税，并将"所得税费用"账户余额转入"本年利润"账户。

（27）将税后净利润转入"利润分配"账户（1—12 月）。

（28）按税后利润 10% 提取盈余公积金。

（三）要求

1. 根据上述经济业务编制会计分录。
2. 开设丁字式总分类账户并进行登记。
3. 根据总分类账户编制本期发生额对照表。

# 第六章 会计凭证

## 一、填空题

1. 将现金送存银行时，一般只填制_____。
2. 会计凭证按其填制的程序和用途可以分为_____和_____两类。
3. 记账凭证按其反映的经济内容不同可以分为_____、_____和_____三种。
4. 原始凭证按其来源不同，可分为_____和_____。
5. 记账凭证按其填制的方式不同，可分为_____和_____。
6. 记账凭证按其用途不同，可分为_____、_____和_____。
7. 付款凭证是用来记录_____和_____付款业务的记账凭证。
8. 在一张记账凭证上只填列一个会计科目的是_____。

## 二、单项选择题

1. 向银行提取现金准备发放职工工资的业务，应根据有关原始凭证填制_____。
   A. 收款凭证  B. 付款凭证
   C. 转账凭证  D. 收款和付款凭证
2. 用转账支票支付前欠货款，应填制_____。
   A. 转账凭证  B. 收款凭证
   C. 付款凭证  D. 原始凭证
3. 差旅费报销单属于_____。
   A. 记账凭证  B. 自制原始凭证
   C. 外来原始凭证  D. 累计凭证
4. 记账凭证应根据合法的_____填列。
   A. 收款凭证  B. 原始凭证
   C. 付款凭证  D. 转账凭证
5. 原始凭证按其填制的手续不同可分为_____。
   A. 通用凭证和专用凭证
   B. 通用凭证、执行凭证和计算凭证

C. 外来凭证和自制凭证

D. 一次凭证和累计凭证

6. "限额领料单"属于_____。

　A. 累计凭证　　　　　　　　　B. 外来凭证

　C. 汇总凭证　　　　　　　　　D. 付款凭证

7. 记账凭证是_____的依据。

　A. 编制报表　　　　　　　　　B. 业务活动

　C. 登记账簿　　　　　　　　　D. 原始凭证

8. 从银行提取现金，应填制_____。

　A. 收款凭证　　　　　　　　　B. 付款凭证

　C. 转账凭证　　　　　　　　　D. 单式凭证

### 三、多项选择题

1. 在下列各项分类标准中，适用原始凭证分类的有_____。

　A. 来源　　　　　　　　　　　B. 用途

　C. 格式　　　　　　　　　　　D. 填制手续

　E. 结构　　　　　　　　　　　F. 经济业务

2. 在下列各项分类标准中，适用记账凭证分类的是_____。

　A. 来源　　　　　　　　　　　B. 经济业务的类别

　C. 格式　　　　　　　　　　　D. 用途

　E. 结构　　　　　　　　　　　F. 填制方法

3. 原始凭证按其用途不同，可分为_____。

　A. 外来凭证　　　　　　　　　B. 自制凭证

　C. 通知凭证　　　　　　　　　D. 执行凭证

　E. 计算凭证　　　　　　　　　F. 累计凭证

4. 记账凭证按其经济业务类别不同，可分为_____。

　A. 收款凭证　　　　　　　　　B. 转账凭证

　C. 汇总凭证　　　　　　　　　D. 付款凭证

　E. 分录凭证　　　　　　　　　F. 联合凭证

5. 记账凭证按其填制方法的不同，可分为_____。

　A. 收款凭证　　　　　　　　　B. 复式记账凭证

　C. 转账凭证　　　　　　　　　D. 付款凭证

　E. 单式记账凭证　　　　　　　F. 汇总凭证

6. 下列各项属于记账凭证必须具备的内容是_____。

　A. 记账凭证名称　　　　　　　B. 原始凭证名称

　C. 接受单位名称　　　　　　　D. 会计分录

　E. 填制单位名称　　　　　　　F. 记账凭证日期编号

7. 原始凭证按其格式不同可分为_____。

　A. 通用凭证　　　　　　　　　B. 单用凭证

C. 外来凭证　　　　　　　　D. 专用凭证
E. 多用凭证　　　　　　　　F. 自制凭证

8. 在下列各项内容中，属于记账凭证编制基本要求的是_____。
A. 填写会计科目　　　　　　B. 附有原始凭证
C. 连续编号　　　　　　　　D. 摘要简明扼要
E. 合法、合规　　　　　　　F. 及时正确

### 四、判断并改错题

1. 会计凭证按其来源不同可以分为外来会计凭证和自制会计凭证两种。（　）
2. 记账凭证按其所反映的经济业务内容不同，可以分为原始凭证、汇总凭证和累计凭证。（　）
3. 原始凭证是在经济业务发生或完成时取得或编制的。它载明经济业务的具体内容，明确经济责任，是具有法律效力的书面证明。（　）
4. 付款凭证是只用于银行存款付出业务的记账凭证。（　）
5. 转账凭证是用于不涉及现金和银行存款收付业务的其他转账业务所用的记账凭证。（　）
6. 记账凭证按其用途不同可以分为单式记账凭证和复式记账凭证。（　）
7. 原始凭证的内容中应包括会计分录。（　）
8. 自制原始凭证是企业内部经办业务的部门和人员填制的凭证。（　）

### 五、名词解释

1. 会计凭证

2. 记账凭证

3. 原始凭证

4. 累计凭证

5. 自制原始凭证

6. 转账凭证

7. 分录凭证

8. 汇总凭证

六、简答题

1. 会计凭证分为哪几类？有什么区别？

2. 记账凭证按其反映经济业务的不同可分为哪几种？如何运用？

3. 原始凭证的基本内容是什么？

4. 记账凭证的基本内容是什么？

5. 简述填制原始凭证和记账凭证的要求。

6. 正确、合理地组织会计凭证的传递有什么作用?

七、论述题

1. 什么是会计凭证?准确填制和严格审查会计凭证有什么意义?

2. 为什么对原始凭证和记账凭证要进行审核?审核时应注意哪些方面的内容?

## 八、业务计算题

习题一

（一）目的

练习编制记账凭证。

（二）资料

某单位2024年8月发生下列经济业务：

1. 8月4日，收到A公司归还前欠货款20 000元存入银行。
2. 8月9日，向B工厂购入甲材料，进价45 200元（含进项税13%），货款以商业汇票支付。材料已验收入库。
3. 8月11日，从银行提取现金52 000元。
4. 8月16日，销售甲产品一批计36 160（含销项税13%），收入现金全部送存银行。
5. 8月22日，车间领甲材料18 000元用以生产A产品。
6. 8月23日，管理人员王某出差回来，报销差旅费2 230元，交回现金270元。
7. 8月26日，销售给C公司乙产品一批，计价38 646元（含销项税13%），货款未收。
8. 8月29日，以银行存款支付电费1 240元，水费480元。

（三）要求

1. 根据上列经济业务，确定应编制的记账凭证的种类。
2. 根据上列经济业务编制记账凭证（见表6-1、表6-2、表6-3）。

表6-1　　　　　　　　　　　　　收　款　凭　证

借方科目　　　　　　　　　　　　　　年　月　日

| 摘　要 | 贷　方　科　目 | | 记账 | 金额 |
| --- | --- | --- | --- | --- |
| | 一级科目 | 二级或明细科目 | | |
| | | | | |
| | | | | |
| | | | | |
| | 合计： | | | |

会计主管：　　　记账：　　　出纳：　　　复核：　　　制单：

表6-2　　　　　　　　　　　　　付　款　凭　证

贷方科目　　　　　　　　　　　　　　年　月　日

| 摘　要 | 借　方　科　目 | | 记账 | 金额 |
| --- | --- | --- | --- | --- |
| | 一级科目 | 二级或明细科目 | | |
| | | | | |
| | | | | |
| | | | | |
| | 合计： | | | |

会计主管：　　　记账：　　　出纳：　　　复核：　　　制单：

表 6-3　　　　　　　　　　　　　　　转 账 凭 证
年　月　日

| 摘　要 | 一级科目 | 二级或明细科目 | 记账 | 借方金额 | 贷方金额 |
|---|---|---|---|---|---|
|  |  |  |  |  |  |
|  |  |  |  |  |  |
|  |  |  |  |  |  |
|  |  |  |  |  |  |
| 合计 |  |  |  |  |  |

会计主管：　　　　　　记账：　　　　　　复核：　　　　　　制单：

习题二

（一）目的

练习编制记账凭证。

（二）资料

某商业企业2024年4月发生下列部分经济业务：

1. 1日，销售商品一批，售价40 002元（含税13%），收入现金全部存入银行。

2. 5日，从银行提取现金20 000元，准备发放工资。

3. 10日，A公司交来支票一张，计15 000元，归还前欠货款，支票存入银行。

4. 16日，以现金支付本月房租1 800元。

5. 18日，以银行存款支付商品销售运费500元。

6. 20日，购入商品一批，进价50 850元（含税13%），货款以银行存款支付，商品验收入库。

7. 30日，以银行存款支付修理费400元。

8. 30日，以银行存款支付借款利息1 200元。

（三）要求

1. 根据上列经济业务，确定应编制的记账凭证种类。

2. 编制记账凭证。

# 第七章 会计账簿

## 一、填空题

1. 账簿按外表形式分类可以分为_____、_____和_____。
2. 更正错账的方法一般有_____、_____和_____。
3. 对账应包括_____、_____、_____和_____。
4. 明细分类账的格式，常用的有_____、_____、_____和平行式登记式账页。
5. 日记账分_____和_____两类。
6. 按会计制度规定，更换账簿应在_____开始时进行更换。
7. 分类账有_____和_____两类。
8. 账簿按用途不同可分为_____、_____和_____。

## 二、单项选择题

1. 登记账簿的依据是_____。
   A. 经济合同　　　　　　　　B. 记账凭证
   C. 会计分录　　　　　　　　D. 有关文件
2. 记账以后，发现记账凭证中科目正确，但所记金额小于应记的金额，应采用_____进行更正。
   A. 红字更正法　　　　　　　B. 平行登记法
   C. 补充登记法　　　　　　　D. 划线更正法
3. "应付账款"明细账一般应采用_____账页。
   A. 三栏式　　　　　　　　　B. 多栏式
   C. 平行式　　　　　　　　　D. 数量金额式
4. _____的目的是账簿记录的真实、可靠、正确、完整。
   A. 过账　　　　　　　　　　B. 结账
   C. 转账　　　　　　　　　　D. 对账
5. 租入固定资产登记簿属于_____。
   A. 序时账　　　　　　　　　B. 明细分类账

C. 总分类账 D. 备查簿

6. 多栏式银行存款日记账属于_____。

A. 总分类账 B. 明细分类账

C. 备查簿 D. 序时账

7. 登记银行存款支出业务的日记账依据是_____。

A. 现金收款凭证 B. 现金付款凭证

C. 银行存款收款凭证 D. 银行存款付款凭证

8. 库存商品明细账通常采用_____账簿。

A. 多栏式 B. 三栏式

C. 数量金额式 D. 数量卡

### 三、多项选择题

1. 下列账簿属于明细分类账格式的是_____。

A. 三栏式 B. 多栏式

C. 卡片式 D. 平行式

E. 数量金额式 F. 订本式

2. 规定的结账时期为_____。

A. 一年 B. 半年

C. 90 天 D. 60 天

E. 30 天 F. 10 天

3. 下列各项方法属于更正错账方法的是_____。

A. 划线更正 B. 补充登记

C. 平行登记 D. 红字更正

E. 红字补充 F. 更改凭证

4. 下列各项属于对账内容的是_____。

A. 明细账与总账核对 B. 库存商品账与实物核对

C. 往来账与业务合同核对 D. 记账凭证与原始凭证核对

E. 总账与会计报表核对 F. 库存现金与现金账核对

5. 在下列各账户中,需要在年末将余额过入新账簿的是_____。

A. 应收账款 B. 长期待摊费用

C. 固定资产 D. 银行存款

E. 管理费用 F. 其他应付款

6. 登记账簿的规则包括_____。

A. 账簿启用 B. 错账更正

C. 结账 D. 账簿登记

E. 对账 F. 账簿设置

7. 在下列各账户中,可以采用多栏式明细账簿的是_____。

A. 生产成本 B. 管理费用

C. 原材料 D. 应收账款

E. 库存商品  F. 制造费用

8. 账簿按外表形式分为_____。
A. 日记账  B. 活页账
C. 辅助账  D. 备查账
E. 订本账  F. 卡片账

四、判断并改错题

1. 账簿按用途分类可以分为日记账、分类账和备查簿三种。　　　　　　　　（　　）
2. 记账以后，发现所记金额小于应记金额，但记账凭证正确，应采用红字更正法进行更正。　　　　　　　　　　　　　　　　　　　　　　　　　　　　　　　　　（　　）
3. 银行存款日记账应属于总分类账。　　　　　　　　　　　　　　　　　　（　　）
4. 多栏式明细账一般适用于资产类账户。　　　　　　　　　　　　　　　　（　　）
5. 现金日记账必须采用订本式账簿。　　　　　　　　　　　　　　　　　　（　　）
6. 批发商品库存明细账应采用三栏式账簿，以反映其收入、发出和结存数。　（　　）
7. 由于记账凭证错误而造成的账簿记录错误，应采用划线更正法进行更正。　（　　）
8. 在会计核算中，一般应通过财产清查进行账实核对。　　　　　　　　　　（　　）

五、名词解释

1. 日记账

2. 总分类账

3. 明细分类账

4. 结账

5. 会计账簿

6. 序时账簿

7. 备查账簿

8. 分类账簿

六、简答题

1. 什么是会计账簿？它有何作用？

2. 日记账、分类账和备查簿有什么区别？

3. 什么是特种日记账？为什么要设置特种日记账？

4. 明细分类账有哪几种格式？

5. 更正错账的方法有哪几种？

6. 账簿的更换和启用要注意哪些方面?

### 七、论述题

1. 为什么登记账簿要遵守记账规则？记账规则的内容主要有哪些方面？

2. 为什么要进行对账？应从哪几方面进行对账工作？

### 八、业务计算题

习题一

（一）目的
练习登记银行存款和现金日记账。

（二）资料
某企业 2024 年 7 月 31 日银行存款日记账余额为 300 000 元；现金日记账的余额为 3 000 元。8 月上旬发生下列银行存款和现金收付业务：

1. 1日，投资者投入现金25 000元，存入银行（银收801号）。
2. 1日，以银行存款10 000元归还短期借款（银付801号）。
3. 2日，以银行存款20 000元偿付应付账款（银付802号）。
4. 2日，以现金1 000元存入银行（现付801号）。
5. 3日，用现金暂付职工差旅费800元（现付802号）。
6. 3日，从银行提取现金2 000元备用（银付803号）。
7. 4日，收到应收账款50 000元存入银行（银收802号）。
8. 5日，以银行存款40 000元支付购买材料款（银付804号）。
9. 5日，以银行存款1 000元支付购入材料运费（银付805号）。
10. 6日，从银行提取现金18 000元，准备发放工资（银付806号）。
11. 6日，用现金18 000元发放职工工资（现付803号）。
12. 7日，以银行存款支付本月电费1 800元（银付807号）。
13. 8日，销售产品一批，货款51 750元存入银行（银收803号）。
14. 9日，用银行存款支付销售费用410元（银付808号）。
15. 10日，用银行存款上交销售税金3 500元（银付809号）。

（三）要求

登记银行存款日记账和现金日记账，并结出10日的累计余额。

习题二

(一) 目的

练习错账更正方法。

(二) 资料

某企业将账簿记录与记账凭证进行核对时，发现下列经济业务内容的账簿记录有误：

1. 开出现金支票600元，支付企业管理部门日常零星开支。原编记账凭证的会计分录为：

  借：管理费用  600
    贷：库存现金  600

2. 签发转账支票3 000元预付本季度办公用房租金。原编记账凭证的会计分录为：

  借：销售费用  3 000
    贷：银行存款  3 000

3. 结转本月实际完工产品的生产成本49 000元。原编记账凭证的会计分录为：

  借：库存商品  94 000
    贷：生产成本  94 000

4. 购入材料一批，计货款5 650元（含增值税13%）。原编记账凭证的会计分录为：

  借：原材料  5 650
    贷：银行存款  5 650

5. 计提本月固定资产折旧费4 100元。原编记账凭证的会计分录为：

  借：管理费用  1 400
    贷：固定资产  1 400

6. 结算本月应付职工工资，其中生产工人工资为14 000元，管理人员工资为3 400元。原编记账凭证的会计分录为：

  借：生产成本  1 400
    管理费用  340
    贷：应付职工薪酬  1 740

7. 结转本期商品销售收入480 000元，原编记账凭证的会计分录为：

  借：本年利润  450 000
    贷：主营业务收入  450 000

8. 用银行存款支付所欠供货单位货款7 600元，原编会计分录为：

  借：应付账款  6 700
    贷：银行存款  6 700

9. 以现金支付采购人员差旅费2 000元，原编记账凭证的会计分录为：

  借：其他应付款  2 000
    贷：库存现金  2 000

10. 车间管理人员出差回来报销差旅费1 900元，交回现金100元，予以转账。原编记账凭证的会计分录为：

  借：管理费用  1 900
    库存现金  100

    贷：其他应收款　　　　　　　　　　　　　　　　　　　　　　　2 000
（三）要求

将上列各项经济业务的错误记录，分别以适当的更正错账方法予以更正。

习题三

（一）目的

练习审查记账凭证以及改正错误的方法。

（二）资料

1. 某企业2024年8月发生下列经济业务：

（1）向银行借款300 000元，存入银行存款户。

（2）用现金支票支付房租2 000元。

（3）生产车间领用一般消耗性材料650元。

（4）以转账支票780元支付购料运杂费。

2. 根据上述经济业务，编制下列记账凭证（以会计分录代）：

（1）借：银行存款　　　　　　　　　　　　　　　　　　　　300 000
　　　　贷：银行借款　　　　　　　　　　　　　　　　　　　　　　300 000

（2）借：管理费用　　　　　　　　　　　　　　　　　　　　　2 000
　　　　贷：库存现金　　　　　　　　　　　　　　　　　　　　　　2 000

（3）借：制造费用　　　　　　　　　　　　　　　　　　　　　　560
　　　　贷：原材料　　　　　　　　　　　　　　　　　　　　　　　　560

（4）借：在途物资　　　　　　　　　　　　　　　　　　　　　　　870
　　　　贷：银行存款　　　　　　　　　　　　　　　　　　　　　　　　870

3. 根据以上所编会计分录登记入账：

| 借方 | 银行存款 | 贷方 |
|---|---|---|
| ① 30 000 | | ④ 870 |

| 借方 | 银行借款 | 贷方 |
|---|---|---|
| | | ① 300 000 |

| 借方 | 管理费用 | 贷方 |
|---|---|---|
| ② 2 000 | | |

| 借方 | 库存现金 | 贷方 |
|---|---|---|
| | | ② 2 000 |

| 借方 | 制造费用 | 贷方 |
|---|---|---|
| ③ 560 | | |

| 借方 | 原材料 | 贷方 |
|---|---|---|
| | | ③ 560 |

| 借方 | 在途物资 | 贷方 |
|---|---|---|
| ④ 870 | | |

（三）要求

审查上述记账凭证有无错误，如有错误，以正确的更正方法予以更正。

习题四

（一）目的

练习查找错账。

（二）资料

1. 某公司2024年4月银行存款日记账记录见表7-1。

表7-1　　　　　　　　　　银行存款日记账　　　　　　　　　　金额单位：元

| 2024年 | | 摘　要 | 对方科目 | 收　入 | 付　出 | 结　余 |
|---|---|---|---|---|---|---|
| 月 | 日 | | | | | |
| 4 | 1 | 上月结存 | | | | 156 000 |
|  | 1 | 接受投资 | 实收资本 | 100 000 | | 256 000 |
|  | 3 | 归还短期借款 | 短期借款 | | 150 000 | 106 000 |
|  | 4 | 提　现 | 库存现金 | | 18 000 | 88 000 |
|  | 4 | 销货款收入 | 主营业务收入 | 7 185 | | 95 185 |
|  | 6 | 支付材料款 | 在途物资 | | 23 400 | 71 785 |
|  | 7 | 支付采购费用 | 在途物资 | | 100 | 71 685 |
|  | 8 | 提　现 | 库存现金 | | 2 000 | 69 685 |
|  | 10 | 支付修理费 | 管理费用 | | 4 500 | 65 185 |
|  | 12 | 现金解入 | 库存现金 | 15 000 | | 80 185 |
|  | 18 | 支付销售费 | 销售费用 | | 500 | 79 685 |
|  | 20 | 销货款收入 | 主营业务收入 | 21 600 | | 101 285 |
|  | 25 | 收回A公司欠款 | 应收账款 | 23 400 | | 124 685 |
|  | 28 | 归还甲工厂材料款 | 应付账款 | | 34 800 | 89 885 |
|  | 30 | 交纳税款 | | | 12 214.50 | 77 670.50 |
|  |  | 累计发生额及余额 | | 167 185 | 245 514.50 | 77 670.50 |

2. 该公司总分类账上"银行存款"账户期末余额为141 435.50元，两账不符。

（三）要求

找出两账不符原因。

# 第八章 财产清查

## 一、填空题

1. 财产物资的盘存制度有_____和_____两种。
2. 财产清查按清查对象和范围可以分为_____和_____。
3. 财产清查按时间可分为_____和_____两种。
4. 清查库存现金是通过_____进行的。
5. 用来核算财产清查中所发现的各项财产物资的盘盈、盘亏及其处理情况的账户是_____。
6. 银行存款的清查主要是通过_____与_____核对进行的。
7. 无法收回的应收款项，经批准后作_____处理。
8. 通过财产清查可以做到_____相符、_____相符。

## 二、单项选择题

1. 对各项财产的增减变化，根据会计凭证连续记载并随时结出余额的制度是_____。
   A. 实地盘存制　　　　　　　　　　B. 应收应付制
   C. 永续盘存制　　　　　　　　　　D. 实收实付制
2. 清查中发现商品短缺的原因是工作中的收发差错，应计入_____。
   A. 管理费用　　　　　　　　　　　B. 其他应收款
   C. 营业外支出　　　　　　　　　　D. 生产成本
3. 清查中财产盘亏是由于保管人员失职造成，应计入_____。
   A. 管理费用　　　　　　　　　　　B. 其他应收款
   C. 营业外支出　　　　　　　　　　D. 生产成本
4. 清查中财产盘亏是由于自然灾害造成，应计入_____。
   A. 管理费用　　　　　　　　　　　B. 其他应收款
   C. 营业外支出　　　　　　　　　　D. 生产成本
5. 对原材料、库存商品盘点后应编制_____。
   A. 实存账存对比表　　　　　　　　B. 盘点表
   C. 余额调节表　　　　　　　　　　D. 对账单

6. 坏账损失是指_____。
   A. 营业外支出　　　　　　　　　B. 其他业务支出
   C. 无法支付的应付款项　　　　　D. 无法收回的应收款项

7. 在财产清查中发现库存材料实存数小于账面数，其原因为自然损耗所致，经核销后应列作_____处理。
   A. 增加坏账损失　　　　　　　　B. 增加管理费用
   C. 减少管理费用　　　　　　　　D. 增加营业外支出

8. 企业在撤销或合并时，对企业的财产物资应进行_____。
   A. 全面清查　　　　　　　　　　B. 定期清查
   C. 局部清查　　　　　　　　　　D. 重点清查

### 三、多项选择题

1. 下列各种方法中适用于实物盘点的有_____。
   A. 实地盘存　　　　　　　　　　B. 先进先出
   C. 永续盘存　　　　　　　　　　D. 后进先出
   E. 最后进价　　　　　　　　　　F. 加权平均

2. 下列各种方法中适用于财产物资清查的有_____。
   A. 抽查细点　　　　　　　　　　B. 技术推算
   C. 征询对账　　　　　　　　　　D. 目测估计
   E. 大件清点　　　　　　　　　　F. 分处盘点

3. 下列情况属于企业与银行之间的未达账项有_____。
   A. 银行已收，企业未收　　　　　B. 银行已付，企业未付
   C. 银行已收，企业已收　　　　　D. 企业已收，银行未收
   E. 企业已付，银行未付　　　　　F. 银行未付，企业未付

4. 下列各项技术方法适用于检查错账的有_____。
   A. 局部检查法　　　　　　　　　B. 顺向检查法
   C. 补充检查法　　　　　　　　　D. 记账方向相反检查法
   E. 逆向检查法　　　　　　　　　F. 数字错位检查法

5. 下列各种财产损溢情况，经批准后在账务处理上可作增减"管理费用"处理的有_____。
   A. 固定资产丢失　　　　　　　　B. 材料自然损耗
   C. 出纳丢失现金　　　　　　　　D. 材料盘盈
   E. 人为造成坏账损失　　　　　　F. 保管员多发材料

6. 财产清查按清查对象和范围分为_____。
   A. 全面清查　　　　　　　　　　B. 定期清查
   C. 不定期清查　　　　　　　　　D. 实地清查
   E. 局部清查　　　　　　　　　　F. 逆向清查

7. 下列方法属于局部清查方法的有_____。
   A. 项目清查　　　　　　　　　　B. 临时清查

C. 定期清查　　　　　　　　D. 轮流清查
E. 重点清查　　　　　　　　F. 实地清查

8. 在下列情况中可以进行不定期清查的有_____。
A. 财产物资保管人员变动　　B. 发生自然灾害
C. 发生材料盘缺　　　　　　D. 企业兼并破产
E. 发生贪污盗窃　　　　　　F. 发生账账不符

### 四、判断并改错题

1. 企业撤销或兼并时，要对企业的部分财产进行重点清查。　　　　（　）
2. 永续盘存制对企业各项财产物资的增减变动，平时只登记增加数，不登记减少数。
　　　　　　　　　　　　　　　　　　　　　　　　　　　　　（　）
3. 定期清查财产一般在结账以后进行。　　　　　　　　　　　　　（　）
4. 银行存款的清查应采取与开户银行核对账目的方法进行。　　　　（　）
5. 财会部门对清查财产中所发现的差异，应及时进行账簿记录的调整。（　）
6. 坏账损失经批准后可直接冲减"坏账准备"账户，不需通过"待处理财产损溢"账户。
　　　　　　　　　　　　　　　　　　　　　　　　　　　　　（　）
7. 未达账项只在企业与银行之间发生，企业与其他企业之间不会发生未达账项。
　　　　　　　　　　　　　　　　　　　　　　　　　　　　　（　）
8. 盘点实物时，发现账面数额大于实存数，即为盘盈。　　　　　　（　）

### 五、名词解释

1. 全面清查

2. 局部清查

3. 永续盘存制

4. 实地盘存制

5. 实地盘点

6. 坏账损失

7. 财产清查

8. 未达款项

## 六、简答题

1. 库存现金和银行存款在清查中可能会出现什么问题？应如何解决？

2. 如果遇到数量多、体积庞大难以盘点的物资，应如何确保其数量和质量？

3. 财产清查的结果如有差异，在账务上应如何处理？

4. 试述财产清查前的准备工作。

5. 什么是未达账项？一般有哪几种情况？

6. 试述财产清查结果的账务处理。

### 七、论述题

1. 财产清查有什么意义？

2. 永续盘存制与实地盘存制有什么区别？分别在哪些条件下适宜采用？

### 八、业务计算题

习题一

（一）目的
练习银行存款对账方法。
（二）资料
1. 某企业 2024 年 7 月 31 日银行存款的账面余额为 535 000 元，开户银行送来对账单，其银行存款余额为 508 000 元。经查对，发现有以下几笔未达账项：
（1）7 月 30 日，委托银行收款 50 000 元，银行已收入企业银行存款户，收款通知尚未送达。
（2）7 月 30 日，企业开出现金支票一张，计 1 600 元，企业已减少银行存款，银行尚未记账。
（3）7 月 31 日，银行为企业支付电费 1 000 元，银行已入账，减少企业存款，企业尚未记账。

（4）7月31日，企业收到外单位转账支票一张，计64 000元，企业已收账，银行尚未记账。

2. 某企业2024年8月25—30日银行存款账面记录：

（1）25日开出支票#1246，支付购入材料运费300元。

（2）25日开出支票#1248，支付购入材料价款39 360元。

（3）27日存入销货款转账支票40 000元。

（4）28日开出支票#1249，支付委托外单位加工费16 800元。

（5）30日存入销货款转账支票28 000元。

（6）30日开出支票#1252，支付机器修理费376元。

（7）30日银行存款账面结存余额42 594元。

银行对账单记录：

| | |
|---|---:|
| （1）27日支票#1248付出 | 39 360元 |
| （2）28日转账收入 | 40 000元 |
| （3）28日代交电费 | 3 120元 |
| （4）28日支票#1246付出 | 300元 |
| （5）29日存款利息收入 | 488元 |
| （6）29日代收浙江货款 | 11 820元 |
| （7）30日支票#1249付出 | 16 800元 |
| （8）30日结存余额 | 24 158元 |

（三）要求

1. 根据资料1所述未达账项，编制银行存款余额调节表，确立该企业月末实际可用的银行存款余额。假定银行对账单所列企业存款无误，未达账项也由双方查明无误，在编制调节表时所发现的错误数额是多少？企业银行存款的账面余额应是多少？

2. 根据资料2，查明银行存款记录与银行对账单不符原因，编制银行存款余额调节表。

习题二

（一）目的

练习财产清查结果的会计处理。

（二）资料

2019年年终进行财产清查，在清查中发现下列事项：

1. 盘亏水泵一部，原价5 200元，账面已提折旧1 400元。

2. 发现账外机器一台，估计重置价为10 000元，现值为6 000元。

3. 甲材料账面余额为455千克，价值为19 110元。盘点实际存量为450千克，经查明其中3千克为定额损耗，2千克为日常收发计量差错。

4. 乙材料账面余额为166千克，价值为5 312元，盘点实际存量为161千克，缺少数为保管人员失职造成的散失。

5. 丙材料盘盈25千克（30元/千克），经查明其中20千克为代兄弟厂加工剩余材料，该厂未及时提回，其余属于日常收发计量差错。

6. 经检查其他应收款账目，有某运输公司欠款250元，属于委托该公司运输材料，由于装卸工疏忽而造成的损失。已确定由该公司赔偿，但该运输公司已撤销，无法收回。

上列各项盘盈、盘亏和损失，经查原因属实，报请领导审核批准，作如下处理：

1. 盘亏水泵系因自然灾害遭致毁损，作非常损失处理。

2. 账外机器尚可使用，交车间投入生产，作增加营业外收入处理。

3. 材料定额内损耗及材料收发计量错误，均列入管理费用处理。

4. 保管人员失职造成材料短缺损失，责成过失人赔偿。

5. 无法收回的应收款项，作坏账损失处理。

（三）要求

1. 将上列清查结果，编制审批前的会计分录。

2. 根据报请批准处理的结果，编制会计分录。

3. 列示"待处理财产损溢"账户的具体内容。

习题三

（一）目的

练习财产盘盈、盘亏的处理。

（二）资料

某企业（小规模纳税人）在财产清查过程中发现以下问题：

1. 业务部门盘缺电子计算机一台，原值为 19 000 元，已提折旧 9 500 元。

2. 服装组实地盘点库存商品，发现女服装账面余额为 128 箱，实际存量为 126 箱，短缺 2 箱，每箱进价为 450 元。

3. 家电组实地盘点库存商品，发现 25 英寸电视机存量为 28 台，而账面为 27 台，盘盈 1 台，进价为 2 100 元。

4. 出纳处库存现金经盘点短缺 36.80 元。

5. 经核对客户往来账目，查明 A 公司已撤销，所欠货款 540 元已无法收回，经报请批准作为坏账处理，列为管理费用。

6. 上述盘点溢缺原因，已经查明报请批准，处理意见如下：

（1）盘亏电子计算机系搬迁中遗失，列作营业外支出。

（2）服装短缺 2 箱系保管人丢失，应由过失人赔偿。

（3）25 英寸电视机盘盈 1 台系供货单位多发，已交供货单位收回。

（4）库存现金短缺 36.80 元，应由过失人赔偿。

（三）要求

编制会计分录。

# 第九章 财务会计报告

## 一、填空题

1. 编制财务报表的质量要求是_____、_____、_____、_____。
2. 现金流量表是在_____和_____已经反映企业财务状况和经营成果信息的基础上进一步提供财务状况变动的信息。
3. 现金流量表的编制方法有_____和_____两种。
4. 利润总额 = _____ + _____ - 营业外支出。
5. 营业利润 = 营业收入 - 营业成本 - _____ - 期间费用。
6. 现金流量表是反映企业在一定期间_____的_____情况的报表。
7. 资产负债表的资产类项目按其流动性顺序排列为_____和_____。
8. 汇总会计报表是根据_____和_____汇总而成的。

## 二、单项选择题

1. 编制资产负债表的主要依据是_____。
   A. 资产、负债及所有者权益类各账户的本期发生额
   B. 各损益类账户的本期发生额
   C. 各损益类账户的期末余额
   D. 各资产、负债及所有者权益账户的期末余额
2. 编制利润表的主要依据是_____。
   A. 资产、负债及所有者权益各账户的本期发生额
   B. 资产、负债及所有者权益各账户的期末余额
   C. 损益类各账户的本期发生额
   D. 损益类各账户的期末余额
3. 资产负债表"未分配利润"项目应根据"_____"账户的期末余额填列。
   A. 本年利润　　　　　　　　　B. 利润分配
   C. 本年利润和利润分配　　　　D. 应付股利
4. 资产负债表中的资产项目应按其_____程度强弱顺序排列。

A. 流动性 B. 重要性
C. 变动性 D. 盈利性

5. 资产负债表中"预收款项"项目，应根据"预收款项"账户的_____填列。

A. 期末借方余额 B. 期末贷方余额
C. 期末借方或贷方余额 D. 借方累计发生额

6. 资产负债表是根据_____这一会计等式编制的。

A. 资金占用 = 资金来源
B. 收入 – 支出 = 利润
C. 资产 = 负债 + 所有者权益
D. 资金占用 + 费用成本 = 资金来源 + 收入

7. 利润表是反映企业_____的报表。

A. 经营成果 B. 财务状况
C. 现金流量 D. 利润分配

8. 支付给在建工程人员的工资，应填写"现金流量表"的_____项目。

A. 支付给职工以及为职工支付的现金
B. 购建固定资产、无形资产和其他长期资产所支付的现金
C. 支付的各种税费
D. 购买商品接受劳务支付的现金

### 三、多项选择题

1. 下列指标可用于分析评价企业偿债能力的有_____。

A. 流动比率 B. 资产负债率
C. 存货周转率 D. 速动比率
E. 流动资产周转率 F. 总资产报酬率

2. 下列指标可用于分析评价企业营运能力的有_____。

A. 流动资产周转期 B. 速动比率
C. 存货周转率 D. 应收账款周转期
E. 资产负债率 F. 资本收益率

3. 下列指标可用于分析评价企业盈利能力的有_____。

A. 总资产报酬率 B. 资本收益率
C. 资产负债率 D. 流动比率
E. 销售利润率 F. 流动资产周转率

4. 下列报表属于财务报表主要报表的有_____。

A. 固定资产明细表 B. 所有者权益变动表
C. 资产负债表 D. 利润表
E. 现金流量表 F. 主要产品生产成本表

5. 编制财务报表的质量要求是_____。

A. 数字真实 B. 文字清晰
C. 说明清楚 D. 内容简要

E. 内容完整 F. 报送及时
6. 在下列项目中，可根据其期末余额编制资产负债表的有_____。
   A. 货币资金 B. 应收票据
   C. 长期股权投资 D. 短期借款
   E. 存货 F. 实收资本
7. 下列项目属于"存货"范围的有_____。
   A. 工程物资 B. 原材料
   C. 商业汇票 D. 材料采购
   E. 库存商品 F. 无形资产
8. 下列账户的有关明细账户期末余额需要调整后填入资产负债表的是_____。
   A. 应收账款贷方余额 B. 预付账款贷方余额
   C. 预付账款借方余额 D. 应收账款借方余额
   E. 应付账款借方余额 F. 应付账款贷方余额

### 四、判断并改错题

1. 资产负债表是反映企业某一特定日期全部资产、负债和所有者权益的报表，应按月编报。（　）
2. 资产负债表中"货币资金"项目应根据银行存款日记账余额填列。（　）
3. 资产负债表中"存货"项目应根据"库存商品"期末余额填列。（　）
4. 利润表能够反映企业的偿债能力和支付能力。（　）
5. 资产负债表是反映资金的增加和减少的报表。（　）
6. 现金流量表是反映一定会计期间的现金和现金等价物流入和流出情况的报表。（　）
7. 资产负债表是根据"资金占用＝资金来源"这一会计等式编制的。（　）
8. 流动比率是流动资产与流动负债的比率。（　）

### 五、名词解释

1. 财务会计报告

2. 资产负债表

3. 利润表

4. 现金等价物

5. 现金流量表

6. 流动资产

7. 营运资金

8. 未分配利润

六、简答题

1. 什么是财务会计报告?

2. 年度、半年度的财务会计报告应包括哪几方面内容?

3. 编制会计报表有什么要求？

4. 什么是资产负债表？其基本内容是什么？

5. 什么是利润表？其基本内容是什么？

6. 什么是现金流量表？其基本内容是什么？

七、论述题

1. 为什么企业要进行账务状况分析？其分析的主要内容是什么？

2. 为什么要对财务会计报告进行审核？审核的主要内容是什么？

八、业务计算题

习题一
（一）目的
练习企业资产负债表和利润表的编制。
（二）资料
1. 某企业 2024 年 6 月底各账户期末余额见表 9–1。

表9-1　账户期末余额　　　　　　　　　　　　　　　金额单位：元

| 账户名称 | 借方余额 | 账户名称 | 贷方余额 |
|---|---|---|---|
| 库存现金 | 350 | 短期借款 | 41 000 |
| 银行存款 | 76 700 | 应付账款 | 4 050 |
| 应收账款 | 14 500 | 其他应付款 | 8 700 |
| 其他应收款 | 750 | 应付职工薪酬 | 11 100 |
| 原材料 | 349 800 | 应交税费 | 39 670 |
| 生产成本 | 36 000 | 累计折旧 | 230 500 |
| 库存商品 | 50 400 | 本年利润 | 158 765 |
| 固定资产 | 628 500 | 实收资本 | 721 000 |
| 利润分配 | 95 785 | 盈余公积 | 38 000 |
| 合　　计 | 1 252 785 | 合　　计 | 1 252 785 |

2. 有关明细资料：

各损益账户累计余额有："主营业务收入"为1 144 900元，"主营业务成本"为944 280元，"税金及附加"为64 320元，"销售费用"为14 600元，"其他业务收入"为35 000元，"其他业务成本"为31 500元，"营业外收入"为800元，"营业外支出"为5 000元，"管理费用"为20 800元，"财务费用"为6 200元。

（三）要求

1. 根据资料1、2编制资产负债表。
2. 根据资料1、2编制利润表。
3. 上述两表中关系数字必须核对相符。

习题二

（一）目的

练习财务分析评价指标的运用。

（二）资料

某企业2024年度有关数据资料见表9-2：

表9-2　　　　　　　　　　　　　　　　　　　　　　　金额单位：万元

| 1. 流动资产 | 288 | 6. 负债总额 | 175 |
|---|---|---|---|
| 2. 流动负债 | 120 | 7. 销售成本 | 1 750 |
| 3. 速动资产 | 150 | 8. 平均存货 | 138 |
| 4. 资产总额 | 375 | 9. 利润额 | 90 |
| 5. 销售收入 | 1 960 | 10. 实收资本 | 200 |

(三) 要求

计算下列指标：

1. 流动比率。
2. 速动比率。
3. 资产负债率。
4. 流动资产周转率。
5. 资本收益率。
6. 销售利润率。

# 第十章 会计核算程序

## 一、填空题

1. 各种会计核算程序的主要区别在于登记_____的依据不同。
2. 目前我国一般采用的会计核算程序有_____、_____、_____、_____和_____。
3. 汇总收款凭证按现金或银行存款科目的_____设置；汇总付款凭证按现金或银行存款科目的_____设置。
4. 采用记账凭证核算程序，其记账凭证一般采取_____、_____和_____三种格式。
5. 会计核算程序是_____和_____的结合。
6. 记账凭证核算程序的主要特点是根据_____逐笔登记_____。
7. 科目汇总表的_____与汇总总账凭证相似，但两者的_____不同。
8. 汇总记账凭证核算程序的优点在于_____和简便记账凭证的整理归类工作。

## 二、单项选择题

1. 科目汇总表与汇总记账凭证的共同优点是_____。
   A. 保持科目之间的对应关系
   B. 简化总分类账登记工作
   C. 进行发生额试算平衡
   D. 总括反映同类经济业务
2. 科目汇总表核算程序适用于_____。
   A. 规模较小，业务较少的单位　　B. 规模较小，业务较多的单位
   C. 规模较大，业务较多的单位　　D. 规模较大，业务较少的单位
3. 汇总记账凭证核算程序的主要缺点在于_____。
   A. 不利于会计分工　　B. 不能反映经济业务
   C. 不能保持科目之间的对应关系　　D. 不能节省会计工作时间
4. 各种会计核算程序的主要区别在于_____。
   A. 汇总的记账凭证不同　　B. 登记总账的依据不同

C. 汇总的凭证格式不同 D. 节省工作时间不同

5. 多栏式日记账核算程序适用于_____的单位。
   A. 规模较小，业务较少 B. 规模较大，业务较多
   C. 规模较大，业务较少 D. 会计科目不多

6. _____核算程序适用于规模较小、业务量不多的单位。
   A. 记账凭证 B. 汇总记账凭证
   C. 科目汇总表 D. 多栏式日记账

7. 设计会计核算程序是_____一项重要内容。
   A. 会计凭证设计 B. 会计制度设计
   C. 会计账簿设计 D. 会计报表设计

8. 科目汇总表核算程序的缺点是_____，不便于了解经济活动内容。
   A. 不利于会计核算分工 B. 不能进行试算平衡
   C. 反映不出账户对应关系 D. 限制会计科目数量

### 三、多项选择题

1. 账簿的组织形式包括_____。
   A. 账簿的种类 B. 账户的名称
   C. 账簿之间的关系 D. 账簿的格式
   E. 账簿的登记 F. 凭证的填制

2. 合理组织会计核算程序的重要意义在于_____。
   A. 保证会计核算质量 B. 扩大企业规模
   C. 节省核算工作人力物力 D. 增强竞争能力
   E. 提高服务质量 F. 提高经济效益

3. 记账凭证核算程序的缺点在于_____。
   A. 工作量大 B. 不易反映账户对应关系
   C. 不便于分工 D. 不适用业务简单单位
   E. 不便于试算平衡 F. 反映内容不详细

4. 汇总记账凭证核算程序的优点在于_____。
   A. 反映内容详细 B. 简化总账登记
   C. 手续简便 D. 便于试算平衡
   E. 能反映账户对应关系 F. 简便记账凭证整理归类

5. 科目汇总表核算程序的优点在于_____。
   A. 手续简便 B. 简化总账登记
   C. 反映内容详细 D. 便于试算平衡
   E. 能反映账户对应关系 F. 简便记账凭证整理归类

6. 多栏式日记账核算程序的优点在于_____。
   A. 手续简便 B. 效率较高
   C. 能反映账户对应关系 D. 适用业务过繁单位
   E. 直接登记总账 F. 能适应过多的会计科目

7. 日记总账核算程序的特点在于_____。
A. 日记账和总账合一
B. 所有科目集中一张账页
C. 根据日记账登记总账
D. 汇总每一账户的借方、贷方发生额
E. 设计科学合理
F. 逐日逐笔登记转账凭证

8. 会计核算基本模式包括_____的核算程序。
A. 会计凭证
B. 账户账簿
C. 凭证汇总表
D. 试算平衡表
E. 科目汇总表
F. 会计报表

### 四、判断并改错题

1. 记账凭证核算程序适用于规模较大、业务较多的单位。（　）
2. 科目汇总表核算程序和汇总记账凭证核算程序的主要相同点在于汇总凭证的格式相同。（　）
3. 汇总记账凭证核算程序的主要缺点在于保持科目之间的对应关系。（　）
4. 由于各企业的业务性质、规模大小、业务繁简程度各有不同，所以它们所采用的会计核算程序也就有所不同。（　）
5. 同一个企业可以同时采用几种不同的会计核算程序。（　）
6. 各种会计核算程序的相同之处在于其基本模式不变。（　）
7. 科目汇总表核算程序的优点在于能反映账户对应关系。（　）
8. 汇总记账凭证核算程序的优点在于可及时了解资金流动状况。（　）

### 五、名词解释

1. 账簿组织形式

2. 记账步骤

3. 会计核算形式

4. 记账凭证核算程序

5. 汇总记账凭证核算程序

6. 科目汇总表核算程序

7. 多栏式日记账核算形式

8. 日记总账核算形式

### 六、简答题

1. 目前我国企业采用的会计核算程序有哪几种？

2. 简述记账凭证核算程序的内容和特点。

3. 简述汇总记账凭证核算程序的内容和特点。

4. 简述科目汇总表核算程序的内容和特点。

5. 简述多栏式日记账核算程序的内容和特点。

6. 简述汇总记账凭证核算程序和科目汇总表核算程序两者的不同。

七、论述题

1. 什么是会计核算程序，企业应如何合理组织本单位的会计核算程序？

2. 为什么说合理的会计核算程序对提高经济管理具有重要意义？

八、业务计算题

习题一

（一）目的

练习记账凭证会计核算程序。

（二）资料

某工厂2024年4月发生以下各项经济业务（进、销价均含增值税13%）：

（1）向一厂购入甲材料200千克（129.20元/千克），计29 199.20元，货款以银行存款支付。

（2）以现金支付甲材料运杂费160元。

（3）甲材料200千克验收入库，按实际成本转账。

（4）以银行支票15 200元缴纳上月销售税金。

（5）以银行支票30 000元归还临时借款。

（6）收到二厂还来货款36 000元，四厂还来货款60 000元，存入银行。

（7）以现金100元购入劳防用品，当即交车间使用。

（8）仓库发出乙材料460千克，每千克进价为100元，其中300千克用以制造B产品，160千克用于制造A产品。

（9）购入新机器一台，价值为79 100元，以银行支票支付。

（10）售予二厂A产品300件，每件售价为210.60元，计价款61 020元，尚未收到。

（11）售予四厂B产品100件，每件售价为468元，计价款45 200元，尚未收到。

（12）购入即用的销售包装纸箱100只，每只为16元，以银行存款支付。

（13）仓库发出甲材料100千克，每千克为130元，用于制造A产品。

（14）以银行支票支付车间机油费328元。

（15）以现金80元支付销售产品运杂费。

（16）购入丁材料100千克，验收入库，价款2 712元以银行支票支付，同时按实际成本转账。

（17）仓库发出车间一般耗用的丁材料40千克，每千克为24元。

（18）向三厂购入乙材料 200 千克，价款为 22 328.80 元，以银行支票支付。

（19）以银行支票支付乙材料运输、装卸费 240 元。

（20）乙材料 200 千克验收入库，按实际成本转账。

（21）仓库发出甲材料 200 千克，每千克进价为 130 元，用于制造 B 产品。

（22）向五厂购入丙材料 300 千克，价款为 13 829.40 元，尚未支付货款，材料未到。

（23）以银行存款支付丙材料价款 13 356.60 元及运杂费 180 元。上述丙材料 300 千克验收入库，按实际成本转账。

（24）开出银行支票 1 000 元，提取现金。

（25）以银行支票 330 元购买管理部门办公用品。

（26）售出 A 产品 200 件，价款为 40 680 元存入银行。

（27）以现金 40 元支付销售 A 产品装卸搬运费。

（28）收到二厂货款 61 020 元存入银行。

（29）收到四厂货款 45 200 元存入银行。

（30）向三厂购入乙材料 300 千克，价款为 33 493.20 元，运杂费为 360 元，以银行支票支付。

（31）乙材料 300 千克已验收入库，按实际成本转账。

（32）售出 B 产品 150 件，价款 67 800 元存入银行。

（33）以现金支付 B 产品销售运杂费 50 元。

（34）购入会计用账表凭证 60 元，车间用文具用品 84 元，分别以现金支付。

（35）仓库发出丙材料 150 千克，其中 50 千克用以制造 A 产品，100 千克用以制造 B 产品。丙材料成本每千克 40 元。

（36）以银行支票 450 元支付车间机器修理费。

（37）管理部门人员出差回来报销差旅费 1 290 元，已借支 1 500 元，余款交回现金。

（38）经批准报废清理旧机器一台，原值 16 000 元，已提折旧 15 360 元。

（39）以银行支票支付报废机器清理费用 320 元。

（40）报废机器残料出售，收入价款 1 040 元存入银行。

（41）报废机器净收入 80 元转入营业外收入处理。

（42）向银行提取现金 38 000 元，用以发放工资。

（43）以现金 38 000 元发放工资。

（44）售予二厂 A 产品 100 件，价款为 40 680 元，尚未收到。

（45）以现金 30 元支付 A 产品销售搬运费。

（46）以银行支票支付职工医药费 3 120 元。

（47）以银行支票支付本月份电费 4 770 元，其中车间生产用电 3 978 元，管理部门用电 792 元。

（48）以银行支票支付本月份水费 380 元，其中车间用水为 216 元，管理部门用水为 164 元。

（49）结算本月职工工资 38 000 元，其中生产工人工资 27 200 元（A 产品工人工资 12 800 元，B 产品工人工资 14 400 元），车间技术、管理人员工资 5 800 元，行政管理部门工资 5 000 元。

（50）计提本月固定资产折旧 3 780 元，其中车间用固定资产折旧 2 500 元，行政管理部门固定资产折旧 1 280 元。

（51）以银行存款支付行政管理费用 240 元。

（52）以银行存款支付银行借款利息 600 元。

（53）结转本月份制造费用，按生产工人工资比例分配计入 A、B 产品生产成本。

（54）结转已完工 A 产品 300 件，B 产品 400 件的实际生产成本。

（55）结算本月应付消费税 11 300 元。

（56）结转已销产品生产成本：A 产品每件 147.00 元，B 产品每件 274.72 元。

（57）结转各项损益账户，计算本月利润总额。

（58）按利润总额 25％ 计算和结转应交所得税。

（59）将"本年利润"账户的税后利润转入"利润分配"账户。

（60）按税后利润 10％ 计提盈余公积。

（三）要求

根据资料（2）编制记账凭证（记账凭证以会计分录代替）。

习题二

（一）目的

练习科目汇总表编制方法。

（二）资料

按习题一资料（2）的记账凭证按科目汇总。

（三）要求

编制科目汇总表。

# 模拟试题

## 模拟试题一

### 一、判断题

1. "资产＝负债＋所有者权益"这个平衡公式是资金运动的动态表现。（　）
2. 借贷记账法的记账规则确立的依据是账户的基本结构。（　）
3. 费用按其经济用途可以分为生产成本、销售费用、管理费用和直接费用四大类。（　）
4. 账户按用途结构分类，"销售费用"应属于集合分配账户。（　）
5. 从银行提取现金，一般只填制现金收款凭证。（　）

### 二、填空题

1. 会计基本要素包括＿＿＿＿＿＿、＿＿＿＿＿＿、＿＿＿＿＿＿、＿＿＿＿＿＿、＿＿＿＿＿＿、＿＿＿＿＿＿。
2. 会计的基本职能是＿＿＿＿＿＿和＿＿＿＿＿＿。
3. 账簿按其用途可以分为＿＿＿＿＿＿、＿＿＿＿＿＿和＿＿＿＿＿＿。
4. 各种会计核算程序的主要区别在于＿＿＿＿＿＿的依据不同。
5. 资产负债表是反映企业在＿＿＿＿＿＿日期财务状况的报表。

### 三、选择题

1. 负债指过去的交易或者事项形成的，预期会导致＿＿＿＿＿＿流出企业的现时义务。
   A. 货币资金　　　　　　　　B. 资产或劳务
   C. 财产　　　　　　　　　　D. 经济利益
2. 费用是指企业在日常活动中发生会导致所有者权益减少的、与＿＿＿＿＿＿无关的经济利益总流出。
   A. 生产成本　　　　　　　　B. 支出耗费
   C. 提供劳务　　　　　　　　D. 所有者分配利润
3. "利润分配"账户按用途和结构分类，属于＿＿＿＿＿＿账户。

A. 负债 B. 所有者权益
C. 备抵调整 D. 资本账户

4. 分配职工福利费的会计分录是借记有关费用成本账户，贷记"＿＿＿＿"。
A. 盈余公积 B. 应付职工薪酬
C. 职工福利基金 D. 实收资本

5. 登账以后，发现记账凭证所记金额小于正确金额，应采用＿＿＿＿进行更正。
A. 红字更正法 B. 平行登记法
C. 划线更正法 D. 补充登记法

### 四、名词解释

1. 实地盘存制

2. 权责发生制

### 五、简答题

1. 简述借贷记账法的基本内容。

2. 会计上生产成本、生产费用及支出三者有何区别？

## 六、核算题

1. 2024 年 5 月 31 日，某企业银行存款日记账的账面余额为 324 000 元，银行对账单余额 316 000 元。经逐笔核对，发现有下列未达账项：

（1）企业送存银行转账支票一张，金额 12 800 元，银行尚未入账。

（2）银行支付到期货款 98 000 元，企业尚未入账。

（3）银行收到外单位汇来货款 32 000 元，企业尚未入账。

（4）企业开出转账支票一张，金额 70 800 元，持票人尚未到银行办理转账手续。

要求：根据上列资料编制"银行存款余额调节表"，见表 1。

表 1　　　　　　　　　　　　银行存款余额调节表

2024 年 5 月 31 日　　　　　　　　　　　　　　　　　　　　　金额单位：元

| 项　　目 | 金额 | 项　　目 | 金额 |
|---|---|---|---|
| 企业银行存款日记账余额 |  | 银行对账单余额 |  |
|  |  |  |  |
|  |  |  |  |
|  |  |  |  |
|  |  |  |  |
| 调节后余额 |  | 调节后余额 |  |

2. 2024 年 6 月 14 日，管理人员王某出差借支差旅费 2 000 元，会计人员在编制记账凭证时编制现金付款凭证，会计分录为：

借：管理费用　　　　　　　　　　　　　　　　　　　　　　　　2 000
　　贷：库存现金　　　　　　　　　　　　　　　　　　　　　　　2 000

记账人员已根据上述凭证登记入账。试更正上述错误。

## 七、综合题

某企业 2024 年有关资料如下：

（1）各账户年初余额，见表 2。

表 2　　　　　　　　　　　　　　　　　　　　　　　　　　　　　金额单位：元

| 账户名称 | 借方余额 | 账户名称 | 贷方余额 |
|---|---|---|---|
| 库存现金 | 800 | 累计折旧 | 100 000 |
| 银行存款 | 28 400 | 短期借款 | 42 200 |
| 应收账款 | 86 000 | 应付账款 | 30 000 |
| 原材料 | 62 000 | 实收资本 | 500 000 |
| 库存商品 | 35 000 |  |  |
| 固定资产 | 460 000 |  |  |
| 合　　计 | 672 200 | 合　　计 | 672 200 |

（2）本期发生下列经济业务（进销价含增值税13%）：
①购入材料11 300元，货款以银行存款支付。
②领用材料28 000元，用于产品生产。
③收回购货单位前欠货款20 000元，存入银行。
④销售商品一批，价款31 640元，存入银行。
⑤以银行存款偿付前欠供应单位款项30 000元。
⑥从银行提取现金1 000元。
⑦以现金购买办公用品620元。
⑧以银行存款支付电话费1 000元。
⑨从银行提取现金12 000元，准备发放工资。
⑩以现金支付职工工资10 000元，福利费1 400元。
⑪销售产品一批，价款38 646元，货款未收。
⑫以银行存款支付本月水电费2 400元，其中车间耗用2 000元，管理部门耗用400元。
⑬以现金支付销售产品运费及包装费1 000元。
⑭计算分配职工工资，计生产工人9 120元，管理部门人员2 280元；同时按工资总额14%分配职工福利费。
⑮计提本月固定资产应计折旧8 200元，其中车间固定资产应计折旧6 600元，管理部门固定资产应计折旧1 600元。
⑯以银行存款支付短期借款利息348元。
⑰以银行存款支付办公费用4 100元。
⑱结转本月制造费用8 600元。
⑲结转完工产品制造成本45 720元。
⑳结转本月销售产品的制造成本45 000元。
㉑计算本月应交税金3 110元。
㉒结转各收支项目，结出利润总额。
㉓按利润总额25%计算和结转应交所得税。
㉔将利润净额转入利润分配。
㉕按税后利润20%分给投资者，10%提取盈余公积。
要求：
（1）根据上述资料编制会计分录；
（2）计算利润总额；
（3）填制资产负债表（见表3）及利润表（见表4）。

表3　　　　　　　　　　　　　资产负债表（简表）

2024 年 12 月 31 日　　　　　　　　　　　　　　　　　　　金额单位：元

| 项　目 | 年初数 | 期末数 | 项　目 | 年初数 | 期末数 |
|---|---|---|---|---|---|
| 流动资产 |  |  | 流动负债 |  |  |
| 　货币资金 |  |  | 　短期借款 |  |  |
| 　应收账款 |  |  | 　应付账款 |  |  |
| 　存货 |  |  | 　应付职工薪酬 |  |  |
| 　流动资产合计 |  |  | 　应交税费 |  |  |
| 非流动资产 |  |  | 　其他应付款 |  |  |
| 　固定资产 |  |  | 　其他应收款 |  |  |
| 　非流动资产合计 |  |  | 　流动负债合计 |  |  |
|  |  |  | 　非流动负债合计 |  |  |
|  |  |  | 所有者权益 |  |  |
|  |  |  | 　实收资本 |  |  |
|  |  |  | 　盈余公积 |  |  |
|  |  |  | 　未分配利润 |  |  |
|  |  |  | 　所有者权益合计 |  |  |
| 资产总计 |  |  | 负债及所有者权益总计 |  |  |

表4　　　　　　　　　　　　　利　润　表（简表）

2024 年　　　　　　　　　　　　　　　　　　　　　　　　金额单位：元

| 项　目 | 金　额 |
|---|---|
| 一、营业收入 |  |
| 　减：营业成本 |  |
| 　　　税金及附加 |  |
| 　　　销售费用 |  |
| 　　　管理费用 |  |
| 　　　财务费用 |  |
| 　加：投资收益 |  |
| 二、营业利润 |  |
| 　加：营业外收入 |  |
| 　减：营业外支出 |  |
| 三、利润总额 |  |
| 　减：所得税费用 |  |
| 四、净利润 |  |

## 模拟试题二

### 一、判断题

1. "收入－费用＝利润"这个平衡公式是对企业财务状况的静态反映。（　）
2. 如果试算平衡结果发现借贷余额是平衡的，可以肯定记账没有差错。（　）
3. 企业的"材料采购"账户余额，在期末应转入"本年利润"账户的借方。（　）
4. 科目汇总表会计核算程序不仅可以简化总分类账的登记工作，而且还可以进行发生额试算平衡。（　）
5. 账户与会计科目两者的含义是一致的，没有区别。（　）

### 二、填空题

1. 原始凭证按其取得的来源不同，可以分为_____和_____两种。
2. 对于涉及现金和银行存款等货币资金的收付业务，统一只编制_____凭证。
3. 利润表是反映企业在_____的会计报表。
4. 更正错账的方法一般有_____、_____和_____三种。
5. 资产是指过去的_____形成的、由企业_____的、预期会给企业带来_____的资源。

### 三、选择题

1. 制造费用账户按用途和结构分类应属于_____账户。
   A. 集合分配　　　　　　　　　B. 跨期摊配
   C. 财务成果　　　　　　　　　D. 负债
2. 对清查中已查明盘亏的财产物资，是因自然灾害发生的意外损失，应列入_____。
   A. 管理费用　　　　　　　　　B. 生产成本
   C. 营业外支出　　　　　　　　D. 其他应收款
3. 对各项财产物资的增减，平时只登记收入数，不登记发出数是属于_____。
   A. 永续盘存制　　　　　　　　B. 权责发生制
   C. 收付实现制　　　　　　　　D. 实地盘存制
4. 科目汇总表的主要缺点是不能反映_____。
   A. 账户对应关系　　　　　　　B. 借方发生额
   C. 贷方发生额　　　　　　　　D. 借方或贷方发生额
5. _____是资金运动的静态报表。
   A. 利润表　　　　　　　　　　B. 资产负债表
   C. 利润分配表　　　　　　　　D. 现金流量表

四、名词解释

1. 会计基本等式

2. 复式记账

五、简答题

1. 什么是账户的用途和结构？账户按用途和结构分类，可分为哪几类？

2. 什么是会计核算程序？一般的会计核算程序有哪几种？

## 六、核算题

某企业 2024 年 8 月发生部分经济业务如下：
（1）所有者投入资本 200 000 元，存入银行。
（2）购入新机器 2 台，价值 100 000 元，以银行存款支付。（不考虑增值税）
（3）向 A 工厂购入材料一批，计 50 000 元，材料已验收入库，货款以银行存款支付。（不考虑增值税）
（4）管理人员出差回来报销差旅费 1 800 元，原借支 2 000 元，余款交回现金。
（5）以银行存款支付报刊费 300 元。
（6）以银行存款支付修理费 1 000 元。
（7）以银行存款支付职工医药费 2 000 元。

要求：
（1）根据上列资料编制会计分录。
（2）假定该厂 7 月 31 日资产负债表中资产和负债及所有者权益的合计数各为 1 000 000 元。上列经济业务发生后，2024 年 8 月 31 日资产负债表的资产和负债及所有者权益的合计数应各为多少？列出算式。

## 七、综合题

假设某工厂 2024 年 3 月底因遭受火灾，部分账册被烧毁，尚能搜集到的资料如下：

（1）账册上幸存的数字（金额单位：元）：

| 借方 | 固定资产 | 贷方 | | 借方 | 累计折旧 | 贷方 |
|---|---|---|---|---|---|---|
| 期初余额 | 900 000 | | | | 期初余额 | 100 000 |

| 借方 | 在途物资 | 贷方 | | 借方 | 原材料 | 贷方 |
|---|---|---|---|---|---|---|
| ①银行存款 | 32 180 | | | 期初余额 | 4 900 | |
| ②银行存款 | 2 820 | | | ③材料采购 | 35 000 | |

| 借方 | 银行存款 | 贷方 | | 借方 | 生产成本 | 贷方 |
|---|---|---|---|---|---|---|
| 期初余额 | 16 000 | | | 期初余额 | 21 000 | |
| | | | | ④原材料 | 20 000 | |

| 借方 | 应付职工薪酬 | 贷方 | | 借方 | 应交税费 | 贷方 |
|---|---|---|---|---|---|---|
| ⑤现金 | 10 000 | | | | | |

| 借方 | 制造费用 | 贷方 | | 借方 | 管理费用 | 贷方 |
|---|---|---|---|---|---|---|
| ⑥原材料 | 2 400 | | | ⑦原材料 | 1 200 | |

| 借方 | 库存现金 | 贷方 | | 借方 | 库存商品 | 贷方 |
|---|---|---|---|---|---|---|
| 期初余额 | 100 | | | 期初余额 | 10 000 | ⑩产品销售成本 |
| | | | | ⑧生产成本 | 40 000 | 34 000 |

| 借方 | 主营业务收入 | 贷方 | | 借方 | 主营业务成本 | 贷方 |
|---|---|---|---|---|---|---|
| | | ⑨银行存款 44 000 | | | | |

| 借方 | 本年利润 | 贷方 | | 借方 | 实收资本 | 贷方 |
|---|---|---|---|---|---|---|
| | | 期初余额 12 000 | | | | 期初余额 840 000 |

（2）根据银行存款日记账查得 3 月 31 日银行存款结存数为 17 009.40 元。

（3）该工厂职工工资 70% 是生产工人工资，20% 是车间管理人员工资，10% 是厂部管理人员工资。

（4）按职工工资总额 14% 分配职工福利费。

（5）该工厂是按年折旧率 4% 计提本月固定资产折旧。折旧费中 70% 由车间负担，30% 由管理部门负担。

（6）按产品销售收入及物资采购价 13% 计算本月增值税。

（7）按月计算和结转利润。

（8）材料按实际成本计价，当月固定资产没有增减。

要求：

（1）根据上列残存账册和有关资料将账上所缺数字补齐（不必作会计分录，直接记入丁字形账户）；

（2）按补齐后的总分类账户编制本期发生额对照表（见表 1）。

表 1　　　　　　　　　　　总分类账户本期发生额对照表

金额单位：元

| 会计科目 | 期初余额 | | 本期发生额 | | 期末余额 | |
|---|---|---|---|---|---|---|
| 库存现金 | | | | | | |
| 银行存款 | | | | | | |
| 在途物资 | | | | | | |
| 原材料 | | | | | | |
| 生产成本 | | | | | | |
| 库存商品 | | | | | | |
| 制造费用 | | | | | | |
| 管理费用 | | | | | | |
| 主营业务成本 | | | | | | |
| 固定资产 | | | | | | |
| 累计折旧 | | | | | | |
| 应付职工薪酬 | | | | | | |
| 应交税费 | | | | | | |
| 主营业务收入 | | | | | | |
| 本年利润 | | | | | | |
| 实收资本 | | | | | | |
| 合　计 | | | | | | |

## 八、计算题

假设某生产企业有关生产和销售资料如下（金额单位：元）：

|  | 2月 | 3月 |
|---|---|---|
| 本月全部生产费用 | 26 000 | 24 000 |
| 期初在产品 | ③ | 3 000 |
| 期末在产品 | ② | 500 |
| 期初库存商品 | 5 500 | 7 000 |
| 期末库存商品 | 7 000 | ④ |
| 主营业务收入 | 29 500 | ⑤ |
| 主营业务成本 | ① | 27 000 |
| 税金及附加 | 1 500 | 1 450 |
| 主营业务利润 | 5 000 | −450 |

要求：计算①—⑤的数值，并列出算式。

## 模拟试题三

### 一、单项选择题

1. 某企业资产总额是 120 万元，发生 4 笔经济业务：
（1）向银行借入 100 000 元，存入银行存款户。
（2）购进原材料 10 000 元，以银行存款支付。
（3）收回应收账款 30 000 元，存入银行。
（4）用银行存款偿还应付账款 40 000 元。
其资产总额为_____。
A. 128 万元  B. 130 万元
C. 126 万元  D. 132 万元

2. 下列各项支出不属于商品流通费范围的是_____。
A. 工会经费  B. 商品运杂费
C. 借款利息  D. 商品加工费

3. "本年利润"账户 3 月 31 日的贷方余额为 120 000 元，表示_____。
A. 3 月份利润总额  B. 一季度累计利润
C. 营业利润额  D. 产品销售利润额

4. 下列原始凭证中属于累计原始凭证的是_____。
A. 销货发票  B. 收款收据
C. 限额领料单  D. 差旅费报销单

### 二、多项选择题

1. 在下列经济业务中，属于资产项目与负债项目同时增加的有_____。
A. 向银行借入款项存入银行  B. 销货款存入银行
C. 购进商品货款未付  D. 商品售出货款未收

2. 记账凭证按其编制方法不同，可分为_____。
A. 分录凭证  B. 转账凭证
C. 单式记账凭证  D. 复式记账凭证

3. 下列账户中，如月末有余额表现在贷方的是_____。
A. 应付账款  B. 银行借款
C. 材料采购  D. 预付账款

4. 在下列凭证中属于一次凭证的有_____。
A. 限额领料单  B. 发票
C. 差旅费报销单  D. 现金收据

5. 财产清查按其清查的对象和范围可分为_____。
A. 全面清查  B. 定期清查

C. 临时清查  D. 局部清查

## 三、判断题

1. 登记账簿的依据是会计分录。（    ）
2. 科目汇总表与汇总记账凭证都是对记账凭证进行汇总，所用的汇总方法也基本相同。（    ）
3. 资产负债表是反映企业在某一特定日期全部资产、负债和所有者权益的报表。（    ）
4. 会计检查是对企业经济活动和财务收支的一种事后监督。（    ）
5. 汇总记账凭证会计核算程序适用性较强，大、中、小型企业均可采用。（    ）

## 四、填空题

1. 原始凭证按其用途不同，可以分为_____、_____和_____三种。
2. 会计要素包括_____、_____、_____、_____、_____和_____六项。
3. 会计恒等式是_____=_____+_____。
4. 会计科目是对会计对象的_____进行_____的类目。
5. 会计分录主要包括_____、_____和_____三个要素。

## 五、名词解释

1. 会计凭证

2. 账簿

六、简答题

1. 什么是对账？对账有哪些作用？

2. 什么是财产清查？

## 七、核算题

1. 某公司采用售价金额核算，2024年12月31日有关账户的期末余额见表1。

表1　　　　　　　　　　　　　　　　　　　　　　　　　　　　　　　　　　金额单位：元

| 账户名称 | 期末余额 借方 | 期末余额 贷方 |
|---|---|---|
| 固定资产 | 860 000 | |
| 累计折旧 | | 260 000 |
| 库存商品 | 1 120 000 | |
| 商品进销差价 | | 168 000 |
| 低值易耗品 | 56 000 | |
| 委托加工物资 | 44 000 | |
| 银行存款 | 120 000 | |
| 包装物 | 30 000 | |
| 库存现金 | 20 000 | |

要求：根据上列资料计算资产负债表中的有关项目的填列金额：
（1）货币资金；
（2）存货；
（3）固定资产净值；
（4）周转材料。

2. 某企业2024年4月末银行存款日记账余额为499 800元，银行对账单余额517 580元，经逐笔核对，发现有以下几笔未达账项：
（1）企业存入银行转账支票44 800元，企业已入账，银行未入账。
（2）企业购入材料一批，开出转账支票36 400元，银行未入账。
（3）外地汇入银行货款25 200元，银行已入账，企业未入账。

（4）银行存款利息为980元，银行已入账，企业未入账。

要求：根据上述未达账项，编制银行存款余额调节表，见表2。

**表 2**　　　　　　　　　　　　　银行存款余额调节表

金额单位：元

| 项目 | 金额 | 项目 | 金额 |
|---|---|---|---|
|  |  |  |  |
|  |  |  |  |
|  |  |  |  |
|  |  |  |  |
|  |  |  |  |
|  |  |  |  |
| 调节后余额 |  | 调节后余额 |  |

3. 某公司2024年12月31日资产负债表资料见表3。

**表 3**　　　　　　　　　　　　　资 产 负 债 表（简表）

编制单位：某公司　　　　　　　　2024年12月31日　　　　　　　　金额单位：元

| 资　产 | 年末数 | 负债及所有者权益 | 年末数 |
|---|---|---|---|
| 流动资产： |  | 流动负债： |  |
| 货币资金 | 12 000 | 短期借款 |  |
| 交易性金融资产 |  | 应付账款 | 18 000 |
| 应收票据 | 35 000 | 应交税费 | 12 000 |
| 应收账款 | 75 000 | 流动负债合计 | 200 000 |
|  |  | 非流动负债： |  |
| 存货 | 408 000 | 长期借款 | 150 000 |
| 流动资产合计 | 600 000 | 非流动负债合计 | 150 000 |
|  |  | 负债合计 | 350 000 |
| 非流动资产： |  | 所有者权益： |  |
| 固定资产 |  | 实收资本 | 600 000 |
| 在建工程 | 100 000 | 盈余公积 |  |
| 非流动资产合计 |  | 所有者权益合计 |  |
| 资产总计 |  | 负债及所有者权益总计 | 1 000 000 |

要求：将资产负债表上的空格填上。

4.

（1）某公司2024年4月30日有关损益类账户余额见表4。

表4　　　　　　　　　　　　　损益类账户余额　　　　　　　　　　　金额单位：元

| 账户名称 | 借方余额 | 账户名称 | 贷方余额 |
| --- | --- | --- | --- |
| 主营业务成本 | 3 300 000 | 主营业务收入 | 4 351 500 |
| 税金及附加 | 9 400 | 其他业务收入 | 235 000 |
| 其他业务成本 | 115 600 | 投资收益 | 45 000 |
| 销售费用 | 115 000 | 营业外收入 | 6 000 |
| 管理费用 | 107 500 | | |
| 财务费用 | 5 400 | | |
| 营业外支出 | 5 600 | | |

（2）4月末需要调整的账项如下：

①查"待处理财产损溢——流动资产损溢"账户中，商品盘缺250元为自然损耗，作费用处理，予以转账。

②支付应由本月负担的短期借款利息16 500元。

③应计本月银行存款利息收入600元。

④支付本月负担的固定资产修理费2 100元。

⑤计算调整本月费用。

⑥将调整后的各损益账户余额转至"本年利润"账户，结出本月利润总额。

⑦按利润总额计算应交所得税（25%税率），并将所得税转入"本年利润"账户结出本年净利润。

⑧将本年净利润转入利润分配账户。

⑨按税后利润10%计提盈余公积金。

⑩按税后利润30%计提应付给投资者利润。

要求：

（1）按上述资料，编制调整账项会计分录。

（2）编制2024年4月利润表。